U0938580

云南财经大学前沿研究丛书

# 中日韩区域服务贸易自由化研究

A STUDY ON LIBERALIZATION OF CHINA-JAPAN-SOUTH KOREA REGIONAL TRADE IN SERVICES

袁立波 / 著

# 摘　要


区域贸易协定已经成为多边贸易体制的一个显著特征，20世纪90年代末期以来，区域贸易协定大量涌现，大多数世界贸易组织成员都参与了一个或多个区域贸易安排。截至2013年7月31日，世界贸易组织已收到575个区域贸易协定通知（包括货物、服务贸易协定），其中，379个已生效。中日韩作为东亚地区最重要的经济体，经济结构具有一定的互补性，特别是近年来，三国之间的经贸往来不断加强，中国已成为韩国和日本的第一大贸易伙伴，韩国是中国的第四大贸易伙伴，日本也是中国的第三大贸易伙伴和第二大外资来源地。三国政府认为中日韩自由贸易区作为一个新的平台将进一步促进三国之间的贸易自由化和投资便利化，建立中日韩自由贸易区已成为三国共同的愿望。

服务贸易是多哈回合谈判中的一个重要领域，但随着多哈回合谈判的受阻，越来越多的国家选择区域贸易协定作为服务贸易自由化的一条路径。作为区域贸易协定的一个重要组成部分，服务贸易自由化和合作也将成为中日韩自由贸易区谈判的重要内容。目前，中国已签订的12个自由贸易协定，有10个都涉及服务贸易领域的内容，但合作伙伴国基本上都是发展中国家和新兴经济体,而中日韩自由贸易区框架下的服务贸易合作将是中国和发达国家之间的博弈。中日韩各国都有自己的竞争优势服务行业，中国服务业相对落后，特别是现代服务业与日本和韩国还有较大的差距。如何在区域服务贸易协定中确定承诺减让部门和承诺减让水平，服务贸易自由化对经济的影响如何，如何选择区域服务贸易的开放路径，如何制定对各国有利的制度安排，中国应采取何种开放战略，如何面对国外服务提供商的激烈竞争，这些问题都值得深入研究。

本书首先分析了中日韩服务贸易合作的基础、整体贸易情况和发展特点、产业内服务贸易水平、竞争力。通过这四个方面的综合分析反映出它们的优缺点，找到它们的竞争和互补部门。其次，对中日韩已参与的区域服务贸易实践进行比较研究，分析它们在多边和区域框架下的服务贸易开放水平、贸易壁垒和国内规制的情况，为中日韩服务贸易协定的建立寻找一个互利有效的制度安排。在此基础之上，通过实证方法来分析建立中日韩自由贸易协定将给中日韩三国带来多大的贸易创造效应。最后，为中国如何参与中日韩区域服务贸易协定给出一些政策和建议。

本书由六个部分组成，其结构安排如下。

第一章介绍了本书的研究背景与意义，研究思路与论文框架，并提出本书的研究方法，同时指出本书研究的创新与不足。

第二章是理论基础，对区域经济一体化静态、动态效应的相关理论,区域服务贸易自由化，多边和区域服务贸易自由化关系理论进行了介绍，为进一步研究中日韩区域服务贸易合作搭建一个理论框架。

第三章是分析中日韩服务贸易合作的基础，主要从中日韩服务贸易整体情况和发展特点、中日韩服务贸易部门的产业内贸易水平、利用TC指数和RCA指数三个方面分析三国服务贸易的合作基础,以此了解各国服务贸易存在的优势和不足以及供需状况。

第四章分析中日韩三国参与区域服务贸易的实践，探讨其合作的动因。通过比较三国签订的区域服务贸易协定，反映各自可接受的合作领域、开放程度，为三国间服务贸易合作设计一个完善的制度安排。

第五章主要对中日韩服务贸易自由化合作的贸易效应进行分析。通过建立引力模型分析中日韩签订自由服务贸易协定带来的贸易创造效应，并估计RTA的建立对三国的服务贸易出口潜力的影响。

第六章主要分析了中国在区域服务贸易合作进程中的战略选择，对服务贸易协定制度安排、开放部门、开放程度提出政策建议。

# Abstract

Regional Trade Agreements (RTAs) have become a prominent feature of the Multilateral Trading System. The surge in RTAs has continued unabated since late 1990s, most of the WTO members have taken part in one or more regional trade arrangements. As of 31 July 2013, some 575 notifications of RTAs (including trade agreements in both goods and services) had been received by the WTO. Of these, 379 notifications were have taken effect. As the most important economies in East Asia, China-Japan-South Korea economic structure has a certain degree of complementary. Especially in recent years, economic and trade exchanges among the three countries have been strengthened. China has become the largest trading partner of Japan and South Korea, and South Korea is China's fourth largest trading partner, and also Japan is China's third largest trading partner and second largest source of foreign investment. The three governments deem China-Japan-South Korea Free Trade Area as a new platform for further promoting trade liberalization and facilitating investment. The establishment of CJK FTA has become their common aspirations.

Trade in services was an important part in the negotiations of Doha Round. But with the suspension of the Doha round, more and more countries have opted for regional trade agreement as the path toward liberalization of trade in services. As an important component of regional trade agreements, the liberalization of and cooperation over trade in services will also be a key topic in the negotiations over CKJ Free Trade Area. At present, China has signed 12 FTAs, and 10 agreements contained the content of trade in services. But most of these partners are developing countries and emerging economies. Cooperation over trade in services based on China-Japan-South Korea FTA is a game among China and developed countries. China, Japan and South Korea have their own competitive advantage in the service industry, and China's service industry is relatively underdeveloped. In respect of modern service industry, there is a big gap between China and Japan and South Korea. How to determine the sectors of commitments and the level of concessions in regional trade in services agreement, what is the impact of the liberalization of trade in services on the economy, how to choose the opening path for regional liberation of trade in service, how to formulate mutually beneficial institutional arrangement for all countries, what kind of opening-up strategy should China adopt, how to face keen competition of foreign services providers? All of these issues are worthy of being in-depth studies.

Firstly, the book analyzes the basis for cooperation among China, Japan and south Korea over trade in services, overall trade situation and development features, intra-industry trade in services, andits competitive advantages. Through the analysis of these four aspects·, their advantages and disadvantages are documeuted, and their competitive and complementation sector are found. Further more, we study China-Japan-South Korea involved in the practice of regional trade in services, analyze the liberalization level of their trade in services in the multilateral and regional framework, trade barriers and domestic regulation to help them find a mutually beneficial and effective institutional arrangements. On this basis, it tries to ascertain that if the three countries signed a free trade agreement will produce how much of the trade creation effect by Empirical research. Finally, it puts forward some policies and strategies for China to participate in CJK regional trade in services agreement.

This book is made up of six chapters and organized as follows:

The first chapter introduces research background and significance, research ideas and research framework of the dissertation. It presents the research methods and points out innovation and deficiency of the book.

The second chapter is theoretical foundation. It introduces theories of static and dynamic effects of regional economic integration, the regional liberalization of trade in services, multilateral and regional liberalization of trade in services relationship theory. It builds a theoretical framework for the study on regional cooperation of CJK trade in services.

The third chapter analyzes the basis for cooperation of China-Japan and South Korea trade in services. It analyzes the overall situation of trade in services and development features, intra-industry trade in special service sectors, and uses the TC index and RCA index to analyze the competitiveness. Through a combined analysis of three aspects, we realize their advantages and disadvantages, supply and demand conditions.

The fourth chapter analyzes the three countries involved in the practice of regional trade in services, exploring the motivation of cooperation. Through comparison of regional trade in services agreement signed by the three countries, we dentify areas in which they are willing to cooperate, determine their degree of openness, and to design an institutional arrangement for service trade cooperation among the three countries.

The fifth chapter analyzes the trade effect of liberalization and cooperation of CJK trade in services. Through establishing the gravity model, it analyzes the trade creation effect when CKJ signed a free trade in services agreement. The part also assessed potential export of trade in services among the three countries after building CKJ free trade area.

The sixth chapter mainly analyzes China's strategic choice in the process of regional trade in services cooperation, proposes some policies and suggestions on institutional arrangements, the opening sector and the level of commitment.

# 目　录

# Contents

# 第一章　导论

## 第一节　研究背景与研究意义

### 一　研究背景

随着多哈回合谈判的受阻，以及之后一系列旨在推动多哈回合谈判的部长级会议都没有取得实质性的进展，多边体制下的贸易自由化进程放缓，WTO 各成员国开始寻求一种新的方式和平台来加强彼此之间的经贸关系，对区域性自由贸易协定和双边贸易协定表现出极大的热情，希望通过区域和双边的经济一体化合作来推动贸易与投资的自由化、便利化进程。20 世纪 90 年代末期以来，世界范围内掀起了新一轮的区域一体化浪潮，双边自由贸易协定和区域贸易协定大量涌现，截至 2011 年 5 月，世界贸易组织认可的区域贸易协定（Regional Trade Agreement，RTA）已经达到 297 个。

作为东亚地区最重要的经济体，中国、日本和韩国三国，地理位置相邻，文化背景相似，在贸易结构和经济结构上存在着较强的互补性。日本是发达国家，拥有资金、技术等优势，韩国是新兴工业化国家，从某种程度上来说，在技术、资本方面也具备了一定的优势。中国广阔的市场、廉价劳动力以及资源禀赋为日本和韩国的出口和 FDI 提供了良好的发展空间。彼此在产业结构发展程度上的不同，构成了相互之间经济依赖的重要基础。据统计，2009 年中日双边贸易额为 2320.9 亿美元，中国已成为日本的第一大贸易伙伴；2009 年中韩双边贸易额为 1409.5 亿美元，中国已成为韩国最大的贸易伙伴。从中可以看出中国、日本和韩国之间的经济联系日益加深。因此，通过区域一体化协定深化彼此之间的经贸关系成为三国的共同诉求，建立一个制度性的区域自由贸易区已经势在必行。2010 年 5 月，第三次中日韩领导人会议就加强三国在各领域的合作达成广泛共识，三国领导人表示将努力在 2012 年前完成中日韩自由贸易区联合研究。中日韩自由贸易区的成立，将会对中国扩大与深化对外开放产生深远影响，其影响将主要表现在国际货物贸易、国际投资和生产转移、国际服务贸易、金融合作以及低碳经济合作发展等方面。

在经济全球化的趋势下，世界各国和地区经济都表现出更强的开放性和外向性特点，与货物贸易紧密联系的服务贸易也获得了飞速发展。从 20 世纪 90 年代开始，服务贸易保持了 7% 的高增长率，其年均增长速度已高于货物贸易。国际服务贸易的规模不断扩大，贸易额占全球贸易总额的 1/5。支撑服务贸易发展的服务业开始占据国民经济发展的重要位置并逐步成为新的经济增长点。从产业结构演变的规律来看，一国的产业结构升级是从农业经济过渡到工业经济，再由工业经济发展为服务经济的过程。服务业和服务贸易的发达程度成为衡量一个国家经济现代化水平的重要标志。在全球产业转移和产业结构升级的背景下，各国对外经济竞争的重点也从货物贸易转向服务贸易。目前，越来越多的区域贸易安排逐步将服务贸易纳入其管辖范围，截至 2011 年 6 月，在已通知的 CATT/WTO 且生效的 297 件区域贸易安排中，归于 GATS 第 5 条下的有 95 件。服务贸易的区域自由化已成为全球服务贸易自由化的一种重要模式，区域服务贸易协定在服务贸易自由化的道路上扮演着越来越重要的角色。为了顺应这种新形式，中国积极开展自贸区的建设，先后加入和参与了 10 个区域经济一体化安排，在服务贸易方面，中央政府与香港特区政府签署的《内地与香港关于建立更紧密经贸关系的安排》、与澳门特区政府签署的《内地与澳门关于建立更紧密经贸关系的安排》是中国入世后服务业市场最早的一次开放性尝试，服务贸易成为《关于建立更紧密经贸关系的安排》（CEPA）及其补充协议的核心内容。在此之后，中国签订的区域或双边自由贸易区较多地把服务贸易内容纳入其中，使得服务贸易交流与合作进一步深化，成为推进中国服务贸易发展的重要平台和策略选择。截至目前，在中国已参与的服务贸易自由化实践中，中国和一些发展中国家签订的自由贸易协定都包含了有关服务贸易自由化的内容，比如和东盟、新西兰、巴基斯坦、智利等国，同时还在积极拓展和加强与其他国家的服务贸易协定谈判，并与其中的三个国家签订了服务贸易协定。2007 年 1 月，中国与东盟签署了《服务贸易协议》；2008 年 4 月，中智双方正式签署了《中智自由贸易协定关于服务贸易的补充协定》；2009 年 2 月，中国与巴基斯坦签署了《中国—巴基斯坦自由贸易区服务贸易协定》。

中日韩三国是东亚最重要的经济体，服务贸易合作是未来中日韩自由贸易区合作的重要组成部分。中国拥有的 9 个双边自由贸易区有7 个都涉及服务贸易领域的内容，但是选择的伙伴国基本上都是发展中国家和新兴经济体。中日韩自由贸易区框架下的服务贸易合作将是中国和发达国家之间展开的竞争与博弈。各国都具备竞争优势的服务部门，且存在一定的互补性。中国的服务业发展相对落后，特别是现代服务业与日本、韩国存在较大的差距，如何在区域服务贸易自由化中确定承诺减让部门和承诺减让水平，服务贸易自由化对各国的经济效益如何，自由化的开放程度和开放路径的选择以及面对国外服务提供者的竞争，国内服务部门如何应对，这些问题的答案对区域服务贸易自由化的发展具有重要的理论意义和现实意义。

## 二　研究意义

基于以上问题，本书首先对区域服务贸易理论进行了系统的梳理和阐述，然后对中日韩自由贸易区的服务贸易的合作领域、开放程度、合作方式、自由化福利效应等进行深入分析。具体而言，本书选题具有以下研究意义。

第一，理论意义。区域经济一体化理论研究已形成较为系统和完善的体系，而对区域服务贸易自由化理论和实证的研究较少。在全球生产要素自由流动的背景下，发达国家以对外投资形成的产业转移带动了发展中国家的服务业发展。为了应对国际服务贸易的竞争，各国把区域范围内的服务贸易合作作为获取相关利益的重要方式，区域自由贸易安排基本都将服务贸易纳入其协议内容之中，服务贸易自由化开放程度日益提高。因此，区域服务贸易自由化合作研究逐步受到各国的重视，区域服务贸易自由化也成为多边服务贸易自由化框架下的一种次优选择,然而与货物贸易相比，区域服务贸易合作研究起步较晚。本书主要基于中日韩自由贸易区的构建，对区域服务贸易自由化理论进行梳理，通过建立竞争性指标、服务贸易壁垒指标反映各国的竞争优势和部门开放程度，探讨服务贸易领域更深层次的合作，并分析南北型的服务贸易合作对发达国家和发展中国家的贸易效应，为建立一个系统的区域服务贸易自由化理论分析框架提供研究基础。

第二，现实意义。建立双边自由贸易区，积极参与区域经济一体化安排已成为各国加强双边经贸关系、扩大对外开放、避免被区域经济边缘化的一种战略性选择。随着我国不断深入参与区域经济一体化实践，特别是自由贸易协定越来越多地包括服务贸易、投资便利、技术贸易等非货物贸易内容，在区域范围内开展服务贸易合作，可帮助我国提升服务业、服务贸易的发展水平。中国作为一个发展中国家，现代服务贸易相对落后。因此，如何在区域服务贸易协定中制定有益于自己的制度安排，在与发达国家的谈判中应对哪些部门做出比 GATS 承诺更进一步的开放，在何种程度上削减贸易壁垒，以及自由贸易区的建立对我国的福利效应与服务业存在何种潜在的影响，研究这些问题对我国参与区域服务贸易合作并在最大限度上获益有着重要的指导意义，也为我国日益深入参与区域经济一体化合作提供规范性的研究模式。

## 第二节 文献综述

本书主要研究的是中日韩区域服务贸易合作和贸易效应分析，而区域服务贸易自由化的实现主要是通过区域经济一体化框架下的服务贸易协定来发挥作用的，因此对区域服务贸易自由化的研究自然是建立在区域经济一体化理论研究基础之上的。笔者在这里把区域经济一体化贸易效应、区域服务贸易自由化两个方面的研究文献做一个综述，以此作为本书研究的出发点。

## 一　区域经济一体化贸易效应的研究

“二战”以后，区域经济一体化首先在欧洲拉开序幕。结合当时西欧区域经济一体化实践的现实特征，J. Viner 提出关税同盟理论，通过贸易创造（Trade Creation）和贸易转移（Trrade Diversion）来度量关税同盟对贸易流量的影响。关税同盟理论经过 Meacle 等人的扩展,形成 Viner-Meade 框架，着重研究区域经济一体化组织的成立对区域内成员方及区域外国家的影响，构成了区域经济一体化传统理论的核心。

以关税同盟理论为核心的区域经济一体化传统理论着重分析成员方参与经济一体化后的贸易流和贸易条件的变化。从贸易流来说，该理论主要创造性地提出了贸易创造与贸易转移的概念，用于衡量一体化组织的成立对贸易流量和贸易方向的影响；从贸易条件看，它主要考察一体化组织的建立对贸易条件的影响。

Viner（1950）在《关税同盟问题》中考察了关税同盟对贸易流动的影响，认为关税同盟的福利效应是贸易创造和贸易转移共同作用的结果。随着关税同盟理论的提出，经济一体化理论逐步形成一个独立完善的国际经济学理论分支。此后，有关区域经济一体化对贸易流量的影响的文献大量涌现，纵观这些研究文献，学者们主要是从局部均衡模型和一般均衡模型发展了 Viner（1950）的观点。Meade（1955）发展了 Viner 模型并首次提出关税同盟的消费效应，并从贸易创造效应中分离出生产效应。Johnson（1965）、Cooper 和 Massell（1965）进一步论证了在 Viner 模型框架下关税同盟劣于单边关税削减的福利效应的结论，强调只有将公共产品引入福利效应分析，才能真正得出关税同盟的全部福利效应。

在实证研究方面，区域经济一体化对贸易流的实证分析，主要是通过事前估计（Ex Ante）和事后估计（Ex Post）两种方法得出的。事前估计的目的是预测 RTA 的成立将带来的效果，主要是建立局部均衡模型（PEM）或者一般均衡模型（GEM）。局部均衡模型的研究思路是通过区域经济一体化组织成立前后伙伴国与非伙伴国对某一类商品的收入需求弹性的变化，来衡量成立 RTA 对贸易流量的影响。从收入需求弹性变化角度分析问题是为了消除RTA 成立后由于成员方经济增长而对贸易流量产生的影响。Balassa（1963）通过局部均衡模型对欧共体的贸易创造和贸易转移进行了系统分析。目前主流的做法是用含有某类商品需求价格弹性或经济一体化组织内外的进口替代弹性的经验表达式来表示贸易创造和贸易转移，然后运用进口需求回归模型（DRA）对以上弹性进行回归估计，再代入表达式中求解。在实际应用过程中，局部均衡模型不能有效确定各种商品之间的替代弹性，这会极大影响估计的结果。

通过考虑各部门间的联系，一般均衡模型分析可以获得区域经济一体化对成员国与非成员国有全面的经济冲击的结论。但是，一般均衡模型的理论假设十分严格，而且对数据的细分程度十分敏感。因此，一般均衡模型由理论上升到实际应用还存在一定的困难（Baldwin 和 Venables，1995）。尽管如此，他们分析了欧洲单一市场的经济效应，还有学者通过一般均衡模型估计了欧盟东扩对欧盟及世界相关各方的经济冲击（samson 和 Greffe，2002）。20 世纪 90 年代以后逐渐兴起的全球贸易分析模型（GTAP）也是基于一般均衡模型开发的，该模型配有专门的软件，可以很方便地分析区域贸易协定对相关方的福利影响。我国学者李众敏（2007）运用该方法模拟了中国与不同国家建立自由贸易协定对中国经济的影响①。

事后估计主要是借助引力模型。在已有的研究文献中，许多学者出于不同的研究目的，在引入区域经济一体化这一虚拟变量时也采用了不同的形式，第一种思路是将区域经济一体化作为一个虚拟变量来考察 RTA 的建立对双边贸易流的影响。例如，Frankel 等（1998）运用三个不同的区域贸易组织虚拟变量来估计它们对成员国的贸易创造效应，RTA 变量的系数为正表示区域经济一体化组织的建立会给成员国带来贸易创造效应。第二种思路是通过定义两个不同 RTA 虚拟变量来估计区域贸易组织对区域成员产生的贸易效应，其中一个 RTA 变量的赋值定义为：当两个国家属于同一个区域经济一体化组织时为 1，否则为 0，估计的系数代表了贸易创造效应；另一个 RTA 变量的赋值定义为：当一个国家属于区域经济一体化组织成员国而另一个国家为非成员国时为 1，否则为 0，估计系数代表了贸易创造效应。如果这两个系数和为正则表明区域经济一体化给成员国带来正的净贸易效应，否则表示产生负的净贸易效应。第三种思路是从单个国家的角度出发来估计区域经济一体化组织对某个成员国的影响。对 RTA 虚拟变量的赋值定义为：如果考察国家与其他某个样本国家同属于这个区域经济一体化组织成员时为 1，否则为 0。为了测定贸易创造效应和贸易转移效应，需要建立一个进口模型和出口模型分别来反映贸易创造效应和贸易转移效应。此外，随着利用引力模型对区域经济一体化贸易效应的研究的发展，从计

① 张彬等：《国际区域经济一体化比较研究》，人民出版社，2010。

量模型的角度对引力模型进行修正的方法也开始出现。面板模型中若采用不变系数固定效应模型不能反映时间变化因素的影响，在处理这一问题时应采用含有时期影响的变截距固定影响模型来反映区域经济一体化的动态贸易效应。

## 二 区域服务贸易自由化的研究

理论界对服务贸易的关注开始于20世纪70年代，随着服务部门对国民经济发展的影响日益加强，服务部门国家间的相互渗透和流通活动日益活跃起来。OECD国家开始认识到促进服务贸易自由化的重要性，在1972年9月OECD秘书长召集的专家会议上提交了《高级专家对贸易和有关问题的报告》，这份报告是为GATT的东京回合谈判寻求知识界的共识。“国际服务贸易”这个词第一次以官方文件的形式出现在该报告中，其中有一部分专门讨论了服务贸易，该报告最后写道：“本研究小组认为，发达国家应该采取措施以保证服务部门的自由化和非歧视。”① 从20世纪80年代开始，当服务贸易出现在国际贸易政策的议程中时，学者们对服务业、服务贸易及政策的研究开始升温。20世纪80年代初，美国提议对影响服务贸易和投资的多边规则进行谈判，当时得到了大多数国家的响应，提出在1982年举行GATT正式的部长级会议，要求对服务贸易规则进行进一步的深化研究，其中一个重要的结论就是加强对服务贸易的研究。

随着世界贸易组织的成立和区域贸易协定的蓬勃发展，理论界对服务贸易的研究逐步深化，涉及服务贸易和服务投资的决定

① 王绍媛：《国际服务贸易自由化理论与规则》，大连理工大学出版社，2008。

因素、服务贸易的潜在收益、通过贸易协定的合作实现服务贸易自由化等方面的研究。这些研究表明，服务贸易自由化是提高经济效应的一个潜在而重要的来源，它有利于制造业生产力的提升，可加强企业间与企业内部活动的协调。随着经济的增长和发展，由于生产结构的改变，人们对服务的最终需求，促使了服务业的发展，服务在生产和就业中的比重不断提高。特别是信息和通信技术的飞速发展使得跨境服务贸易得以广泛开展。服务领域的开放,为一国提供了更多低成本、高质量（通信、运输、金融、咨询等）的生产者服务，从而增强了制造业的竞争力。同时，服务业的发展和服务业国内规制政策也是影响一国贸易量、贸易分配效应、整个经济增长和发展的重要因素。

在过去的十多年里，全球所签订的区域贸易协定中近一半以上都包含了服务贸易和投资的内容。随着贸易协定中服务贸易和投资壁垒的削减，协定伙伴国所获得的收益也在逐步增加，同时，高效的服务业对经济发展的贡献也使各国加强了对服务业发展的政策扶持。虽然货物贸易一体化协定的成本和收益的研究文献已有很多，整个研究理论体系也趋近完善，但是对服务贸易协定影响的分析很少。目前，对服务贸易的研究主要集中在一国服务贸易自由化的效应分析上，体现在服务贸易自由化以及服务业外商投资对经济增长、技术进步、就业效应的理论和实证分析上。在区域内建立双边和多边 RTA 的服务贸易合作和服务贸易自由化对各国的福利影响的研究文献少之甚少。

纵观三十多年国内外学者对区域服务贸易自由化的研究文献，其研究的内容主要体现在三个方面：①评估区域服务贸易协定自由化程度的研究；②消除服务贸易壁垒的经济效应研究；③区域服务贸易协定框架评估的研究。

### （一）评估区域服务贸易自由化的研究

Hoekman 和 Sauv6（1994）研究和比较了早期的协定中服务贸易覆盖的范围和规则。Fink 和 Mattoo（2003）的研究是关于服务贸易和区域贸易协定的经典文献之一，他们分析了在具体的服务部门采取单边贸易政策所带来的影响，探讨在何种情况下一个国家更可能从区域性合作中而不是多边机制中获益。他们得出的结论是在某个特定时点，一国可以从优惠服务贸易自由化中获益，这是因为服务贸易不存在关税壁垒，而其他令人望而却步的市场准入、国内规制等非关税壁垒的保护程度较高，对这些障碍的削减并不影响税收收入，因此，贸易转移的成本比货物贸易要低。由于承诺减让水平的进一步提高使得国内服务领域的竞争增强，国外服务提供商的增加也有助于规模经济的产生，从而使得作为中间投入品的服务的价格下降，有利于高新技术服务部门知识溢出。Stephenson（2002）、Marchetti 和 Lim（2006）则分析了2000年之后签订的一些自由贸易安排以及在区域范围开放服务市场所做的努力。在服务贸易区域化的研究中一个重要的问题浮现出来,即区域服务贸易协定到底是服务贸易总协定（GATS）多边自由化进程的一个有益补充，还是服务贸易自由化的替代路径？Hoekman 和 Sauvé 认为这种比较没有太大意义，他们认为许多区域贸易协定的承诺水平并没有超越各国在 GATS 做出的承诺水平，而且在某些层面上这两个协定存在着结构上的巨大差异，在区域服务贸易协定中，国民待遇和市场准入是一般义务，而在GATS中没有如此规定；另一个主要的区别在于对服务部门自由化所采取的承诺方式不一致。区域服务贸易协定中较多采用否定列表的承诺方式（没有在列表中出现的部门则不受限制），而 GATS 采用的是肯定列表方式（只对出现在列表中的部门做出承诺）。虽然这两种方式都能导致同样的自由化结果，但是否定列表更为透明，迫使缔约方把一些不相容的措施和承诺的例外部门显示出来。

总的来说，Hoekman 和 Sauvé（1994）的研究认为没有充分的证据表明除了欧盟之外的其他区域服务贸易协定的自由化程度能够超越GATS 谈判的承诺水平。Stephenson（2002）的研究却得到不一样的结论，近年来签订的区域贸易协定为伙伴国的服务供应商提供的市场开放度已远远超过 GATS 中的水平，多大程度的开放才算合理这一问题，只能寄期望于实践和时间的检验。研究也表明美洲自由贸易区在解决服务贸易争端时并不是很成功，欧盟内部的阻力也限制着欧盟服务贸易的全面自由化，这些挑战说明区域性的服务贸易自由化并不比多边服务贸易自由化显得容易，可见，国际合作产生的价值是什么仍然是一个开放性的问题。Royr、Marchetti 和 Lim（2006）同样认为，随着区域服务贸易协定的蓬勃发展，从2000 年开始，向 WTO 通报的包含服务内容的区域贸易协定的承诺水平已大大超出这些国家在 GATS 中所做的承诺；此外还发现美国所签订的区域贸易协定中对服务部门的覆盖范围最广，承诺水平也最深。Fink 和 Molinuevo（2007）对东亚地区新缔结的区域贸易协定中服务贸易的自由化程度进行了评估。

### （二）消除服务贸易壁垒的经济效应研究

区域服务贸易合作主要是通过消除服务贸易壁垒达到对服务贸易自由化的推动，进而对一国产生静态和动态的经济效应，获得相关的收益。服务贸易壁垒不同于货物贸易的关税，服务贸易壁垒的种类也较多，对服务贸易壁垒的量化也显得更为困难。Hoekman 是最早对服务贸易壁垒进行测量的学者。Hoekman（1995）开创性地使用频率指标衡量各国在 GATS 中所做承诺的自由化开放程度。之后的学者在此基础上又通过其他的测度方法度量服务贸易壁垒，Hardin 和 Holmes（1997）根据 FDI 限制措施的限制程度进行权数赋值，对服务贸易商业存在的贸易壁垒进行测度。澳大利亚生产委员会工作小组成员在 2001 年开发了一个新的指标，他们在 Hoekman（1995）的研究基础上，扩大了对服务贸易壁垒政策的信息收集，采用主观判断的、细化的赋值加权系统进行测度。

随着服务贸易壁垒指数的不断开发，学者们将重点转移到对服务贸易壁垒的经济效应分析中，主要运用局部均衡模型和一般均衡模型进行分析。

局部均衡主要是针对单个服务贸易部门的研究。Johnson 等（2001）对航空服务自由化进行经济效应评估，该模型将澳大利亚、中国内地、中国香港、日本作为一个开放俱乐部联盟进行考察，假设各个航空公司提供的服务不可替代，市场结构为寡头垄断，航空公司根据利润最大化原则决定服务价格和飞行密度，其研究结果发现，由于服务贸易自由化，消费者剩余增加，厂商利润减少，成员国的整体福利增加，而非成员国的整体福利减少。

服务贸易壁垒经济效应的一般均衡研究，主要采用的是 CGE 模型和 FTAP 模型，Brown、Deardorff 和 Stern（1996）采用 CGE 模型，利用 Heokman 开放的关税等值贸易壁垒指数纳入模型进行测度，在关税等值削减 25% 的情况下，被研究国家的整体福利都有所增加。Robinson、Wang 和 Martin（1999）采用 CGE 模型进行测度，发现服务贸易自由化导致的世界服务增加是货物贸易自由化的 5 倍，如果考虑进口带来的技术转移，福利增加还会更多。Dee 和 Hanslow（2000）采用 FTAP 模型，对 18

个国家和地区进行测度，服务贸易壁垒同样采用关税等值形式，通过服务贸易自由化政策模拟，各国的 GDP 和福利都在增加。

### （三）区域服务贸易协定框架评估的研究

Sauvé（2005）、Stephenson（2005）、Roy 等（2006）评估和比较了双边和区域贸易协定中的服务贸易内容，Sáez（2005）、Marconini（2006）、Pereira Goncalyes 和 Stephanou（2007）评析了拉美和加勒比地区国家以及发达国家在服务贸易自由化区域谈判中的经验。Nicoletti（2001）、Nicoletti 和 Scarpa（2003）设计了一个双边异质性政策指标，采用引力模型分析异质性政策对双边服务贸易和投资的影响，研究结果表明异质性政策的成本与服务贸易和投资具有较强的负相关关系，这一经验结果被用来估计欧盟 2004 年提出的服务指令的潜在影响，这些服务指令的实施将减少服务提供者进入市场的成本。Badinger。和 Breuss（2005）估计了奥地利加入欧盟后的竞争促进效应，他们采用了成本加价模型，研究结果表明奥地利的加入减少了批发和零售贸易、金融服务和房地产服务的成本。Francois（2005）研究了土耳其运输服务业的监管制度的改革对欧盟的影响。Kox 和 Lejour（2006）分析了欧盟内部的异质性政策对服务企业在其他国家进行贸易和投资成本的影响，研究表明 2004 年制定的服务指令使得欧盟内部的服务贸易额增长了 30% ~60%，直接投资增长了 18% ~36%。Dee（2006）研究了区域经济一体化组织在亚洲区域的扩张，评估了近年来所签订的区域贸易协定的规制目标是否倾向于歧视性政策，若实施这一歧视性政策，从经济层面上来说是一种重要的选择；同时，针对一些具体的服务部门，他认为区域贸易协定覆盖的服务内容是优惠的，他们并没有设置一些限制性政策使服务价格/成本（成本加价率）有所提高。

## 三　中日韩区域服务贸易合作的研究

国内外学者对中日韩自由贸易区的研究很多，其研究领域主要集中在由中日韩自由贸易区的建立带来的经济效应和福利影响。很少有文献对中日韩三国具体服务贸易领域中贸易协定制度安排、合作领域、服务贸易效应等进行研究。从笔者可收集的文献来看，没有查到国外学者就该问题做出相关研究，而国内学者对中日韩服务贸易的研究主要集中在对三国服务贸易发展特征、竞争力的比较分析方面，如谭晶荣（2006）、查贵勇（2007）、刘晨阳（2011）利用 TC 指数、RcA 指数、RTA 指数、NRCA 指数对中日韩三国服务贸易竞争力进行了研究，从整体和各个部门进行了对比。针对具体服务贸易部门的研究，马镇、曾凡银（2007）对中日韩三国运输业服务贸易国际竞争力进行了比较分析，得出我国运输业与日韩存在巨大差距的结论；王继庆（2008）、岑彩云（2010）对中日韩旅游服务贸易合作发展的制约因素和驱动因素进行了分析；李伍荣、禹响平（2008）对中日韩金融服务贸易国际竞争力进行了比较研究，发现我国金融服务业竞争力明显落后于日韩。此外，国内学者开始关注服务业产业内贸易的问题，针对中日韩三国的产业内服务贸易研究的文献也随之应运而生，这其中主要是对中日两国之间的服务业产业内贸易问题进行了研究。例如，崔日明、陈付愉（2008）利用 GL 指数分析得出中日服务贸易以产业内贸易为主，其中运输业和通信行业的产业内贸易水平最高；陈双喜、王磊（2008）的研究表明中日服务贸易以产业内贸易为主要发展模式，但其产业内贸易发展仍以垂直型为主，他们认为人均 GDP、对外开放程度、规模经济是影响中日服务业产业内贸易发展的主要因素；王涛、姜伟

(2010)对中日服务业产业内贸易问题进行了实证研究，他们得出的结论是，中日间服务贸易以产业内贸易为主，在计算机和信息服务、专有权利使用费和特许费服务部门呈现出显著的产业间贸易特征。我们发现，很少有学者对中韩之间、日韩之间的服务业产业内贸易问题进行相关的研究。鉴于本书的研究目的，笔者将服务业产业内贸易的研究扩展到中韩、日韩，以全面了解中日韩三国之间的服务业产业内贸易水平。

对中日韩三国参与服务贸易实践、制度安排及开放水平的研究以及由区域服务贸易协定的建立带来的贸易效应鲜有学者涉及，这些也是本书的研究内容。

## 第三节　本书的结构与研究方法

### 一　本书的结构

本书主要对中日韩服务贸易的竞争力进行了分析，对各国参与区域贸易协定的制度、政策，服务业市场开放度比较，自由贸易区中服务贸易合作的贸易效应分析，以及中国在参与服务贸易合作时应采取的贸易政策，进一步开放领域的选择、开放程度进行了研究。文章结构安排如下。

第一章为导论。作为全书开篇，导论部分主要解释了本书的研究背景与意义及研究思路与框架，并提出了本书的研究方法，同时指出本书的创新与不足。

第二章是相关理论回顾。第二章对区域经济一体化静态、动态效应的相关理论，区域服务贸易自由化的相关理论，多边服务贸易自由化的相关理论进行了回顾和梳理，为下一步研究中日韩区域服务贸易合作搭建了一个理论框架。

第三章主要从中日韩服务贸易整体情况和发展特点、中日韩服务贸易部门的产业内贸易水平、各国服务部门的国际竞争力三个方面综合分析了三国服务贸易的合作基础，以此了解各国服务贸易存在的优势和不足以及供给和需求状况，可为服务贸易合作政策选择提供现实性参考。

第四章主要分析了中日韩三国参与区域服务贸易的实践，探讨其合作的动因，对各国签订的区域服务贸易协定的内容、政策、制度进行比较，通过差异性的比较反映各自可接受的合作领域及承诺减让水平的程度和市场开放程度，可为完善三国间服务贸易合作设计一个良好的制度形式。

第五章主要对中日韩服务贸易自由化合作的贸易效应进行了实证分析。通过实证研究分析服务贸易合作带来的贸易创造效应，并对RTA的建立对三国服务贸易出口潜力的影响进行了估计。

第六章主要分析了发展中国家服务贸易自由化的开放战略以及中国参与中日韩自由贸易区时在制度安排、开放程度、开放领域上的战略选择。

## 二 研究方法

### （一）理论研究与实证研究相结合

本书在对区域经济一体化理论与区域服务贸易自由化理论的发展进行梳理的基础上，搭建了一个区域服务贸易合作的理论研究框架。根据区域服务贸易自由化对成员国产生的福利效应，对成员国经济增长推动机理进行分析，考察中日韩自由贸易区的建立给服务贸易合作带来的贸易创造效应。这就要求用数理方法建立理论模型，用计量方法对福利效应进行实证检验。

**（二）指标分析与对比分析相结合**

为了对中日韩三国服务贸易竞争力水平和国内服务业发展水平进行测度，需要构建竞争力指标、开放性指标比较分析三国的服务业优势部门与劣势部门。对各国已签订的区域服务贸易协定的覆盖范围、开发程度、原则的比较分析可为中日韩服务贸易合作制定一个较为完善的协议。

**（三）理论分析和政策分析相结合**

本书的第二章对区域服务贸易自由化理论进行了梳理，第四章和第五章对区域服务贸易协定的制度性安排、参与区域贸易合作的经济效应做了理论研究和实证研究。最后，本书结合前面的理论分析和实证分析，对中国参与中日韩服务贸易合作的具体措施做了可行性分析，同时对我国参与区域性贸易合作的战略提供了政策性建议。

## 第四节　创新点与不足点

建立中日韩自由贸易区已成为三国在区域范围内加强经济贸易合作的共识，随着服务贸易在双边贸易中的地位的日益加强，将服务贸易合作纳入区域自由贸易协定已成为一种必然趋势。虽然国内外学者就 GATS 多边服务贸易自由化的研究比较全面，但是对区域服务贸易合作的研究才刚刚起步，特别是对国内学者来说，对区域服务贸易合作的研究是我们面对的一个新课题。本书主要对中日韩三国区域服务贸易合作的合作基础、制度安排、贸易效应等进行研究。

## 一 创新点

### （一）创新点之一

本书主要致力于对中日韩三国开展服务贸易自由化合作的现实基础的研究。在方法上采用宏观层面和中观层面相结合的办法，从服务贸易结构、竞争力优势、产业内贸易水平三个方面开展研究，完善了对中日韩整体和具体服务贸易部门的分析框架，找出合作与竞争的领域。研究发现，中日韩三国在运输、旅游、金融服务领域存在互补性，会产生较强的合作愿望，在建筑服务方面存在较大的竞争。在其他部门，中国可利用自身优势在通信、计算机与信息领域为日本和韩国提供更多的服务；日本可以依靠其知识产权优势在中国和韩国的市场继续扩展专有权使用费和特许费服务；韩国则可以凭借其在个人文化娱乐方面的相对优势要求中国和日本提高市场开放程度。

### （二）创新点之二

本书为完善发展中国家和发达国家进行服务贸易合作的制度安排搭建了分析框架。中日韩服务贸易协定的签订将代表发展中的大国与日韩发达国家在服务贸易中的合作与竞争。因此，需建立一个既符合各国利益又行之有效的制度安排。为此，笔者找到了一个共同的参照物——“中、日、韩各自与东盟签订的服务贸易协定”，对三个协定制度安排的原则、内容条款、承诺水平的比较分析为三国今后设定中日韩服务贸易协定框架以及中国应采取的开放水平提供了参照模式。

### （三）创新点之三

国内少有学者对区域服务贸易效应进行实证研究，笔者通过构建计量模型得出了 RTA 作为虚拟变量会给区域内成员国服务贸易带来贸易创造效应的结论。在此基础上，笔者分析了中日韩服务贸易自由化协定对三国服务贸易出口潜力的影响，结果表明，建立中日韩服务贸易自由化协定会使中国与日本、韩国与日本的服务贸易出口潜力增加，中国与韩国的服务贸易出口潜力降低。

## 二　不足点

服务贸易的国际统计年限短、数据不完备，给时间序列的实证分析带来一定的困难，本书只能采用截面数据对贸易效应进行分析。由于数据缺陷，笔者没有研究服务贸易合作对一国经济增长和投资的效应。这也是笔者后续研究中关注的方向，期望通过统计数据的不断完善，更深入地探索这些领域的问题。

# 第二章　区域服务贸易自由化理论

## 第一节　区域经济一体化理论

国际经济一体化理论是在第二次世界大战后逐渐产生和发展起来的。1950 年，美国经济学家 Viner 在其著作《关税同盟问题》中，运用局部均衡分析方法，考察了关税同盟对贸易流动的影响，认为关税同盟的福利效应就是贸易创造和贸易转移共同作用的结果。这一理论作为研究国际经济一体化福利效应的核心内容，拉开了国际经济一体化理论发展的序幕。

国际经济一体化理论主要分为国际经济一体化静态效应理论和国际经济一体化动态效应理论。其中，静态效应理论主要以 Viner 的关税同盟理论为基础，20 世纪 60 年代末以后，逐渐扩展到自由贸易区、共同市场和货币与财政一体化等方面的问题。动态效应理论则从规模经济、投资效应、竞争效应和增长效应等多方面考察国际经济一体化所产生的长期福利效应的情况。

### 一　国际经济一体化静态效应理论

国际经济一体化静态效应理论中最核心的是 Viner 的关税同

盟理论，其中最具建设性的理论创新是关于贸易创造效应和贸易转移效应这两个重要概念的提出。在 Vincr 关税同盟理论的基础上国际经济一体化静态效应理论不断得以扩展，进一步形成了自由贸易区理论、一般均衡理论等。下面我们从关税同盟理论出发，逐一阐述国际经济一体化静态效应理论中关于国际经济一体化的静态福利效应的产生和大小。

**（一）关税同盟理论关于国际经济一体化静态福利效应的分析**

关税同盟理论关于经济一体化福利效应的研究是逐渐完善起来的。Viner（1950）[①] 首先提出了贸易创造和贸易转移的概念。Meade（1955）[②]发展了 Viner 模型并首次提出关税同盟的消费效应。Johnson（1965）[③]、（100per 和 Massell（1965）进一步论证了在 Viner 模型框架条件下关税同盟劣于单边关税削减的福利效应的结论，强调只有将“公共产品”引入福利效应分析，才能真正得出关税同盟的全部福利效应。

1. 贸易创造效应（Trade Creation Effects）

所谓贸易创造效应，是指关税同盟内部取消关税之后，所引起的同盟内一个成员国国内较高成本产品的消费向同盟内另一成员国国内较低成本产品的转移。这种转移具有两个方面的内容：一是减少或取消与国外产品同类的国内商品的生产，国内所需产品转而从伙伴国进口；二是增加消费伙伴国的产品以替代成本较

---

① Viner, J. *The Customs Union Issue. Carnegie Endowment for Inteznational* Peace: New York, 1950.

② Meade, J. *The Theory of Customs Union*, AmsterdamdancI: North-tolland, 1955.

③ Johnson, H. G. “An Eeonomic Theory of Protectionism, Tariff Bargaining and the Formation of Customs Union”, *Journal of Polititcal Economy*, Vol. 73, pp. 256 - 83, 1965.

高的国内产品。前一种情况相对于国内生产是一种成本的减少，这产生了一种生产效应（Production Effects）；后一种情况使本国对这种产品的消费需求增加，进一步增加了本国消费者剩余，这是一种消费效应（Consumption Effects）。

如图 2-1 所示，横轴表示进口数量，纵轴表示进口价格，SS 表示供给曲线，DD 表示需求曲线。$P_y$ 表示关税同盟之外的非成员国（Y 国）的价格，$P_p$ 表示关税同盟成员国（P 国）的价格，$P_g$ 表示本国征收关税时的国内价格。在关税同盟建立之前，本国的进口量为 $Q_2Q_3$，全部从 Y 国进口，政府关税收入为 c + d。关税同盟建立之后，本国同 P 国之间的关税取消，而对 Y 国的关税保持不变，从 P 国进口商品就比从 Y 国进口商品便宜。这时本国的进口量从 $Q_2Q_3$ 增加到 $Q_1Q_4$，全部从P国进口，本国的国内市场价格也降至与P国

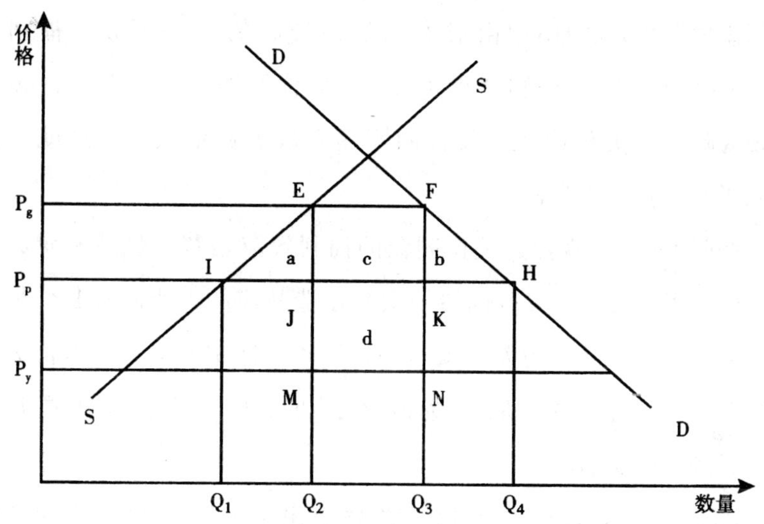


**图 2-1　贸易创造效应与贸易转移效应**

注：小写字母表示字母所在图形的面积，大写字母表示交点，后面图中的表示与之相同。

资料来源：刘力、宋少华：《发展中国家经济一体化新论》，中国财政经济出版社，2002，第 29 页。

的市场价格一致的水平，由 $P_g$ 降至 $P_p$。在增加的贸易量（$Q_1Q_2$ + $Q_3Q_4$）中，$Q_1Q_2$ 是进口对国内生产的替代，成本由梯形面积 ElQ₁QV2 降至长方形面积 $JIQ_1Q_2$，增加了面积为 a 的福利。$Q_3Q_4$ 为价格降低后消费量增加所导致的贸易的扩大，这时消费者的总效用为 $HFQ_3Q_4$，而消费成本为 $HKQ_3Q_4$，经济福利增加了 b。这就是关税同盟的贸易创造效应，其中 a 为生产效应，b 为消费效应。

2. 贸易转移效应（Trade Diversion Effects）

所谓贸易转移效应是指关税同盟的成立，使得同盟内的一个成员国从同盟外部低成本的产品进口替代为从同盟内其他成员国的高成本的相同产品进口所带来的福利损失。如图 2 - 1 所示，贸易转移应由进口量 $Q_2Q_3$ 所引起的成本增加来表示。在关税同盟建立之前，该部分进口由 Y 国提供，福利成本为 $NMQ_2Q_3$。关税同盟建立之后，$Q_2Q_3$ 由成本和价格较高的 P 国提供，福利成本为 $KJQ_2Q_3$，经济福利减少了 d。这部分经济福利在关税同盟前表现为政府的关税收入，关税同盟建立以后便消失了。这就是关税同盟的贸易转移效应。

按照 Viner 的观点，关税同盟的福利效应是贸易创造和贸易转移共同作用的结果。关税同盟的贸易创造效应的大小减去其贸易转移效应的大小，得到的差值就是关税同盟的净福利效应。差值为正表明关税同盟有净福利所得，差值为负表明关税同盟有净福利损失。

3. 公共产品效应

Cooper 和 Massell（1965）① 首先提出公共产品的集体性消费带来的福利，利用一种公共产品对关税同盟理论进行了扩充。他

① Cooper, C. A. and Massell, B. F. "Towards a General Theory of Customs Unions for Developing Countries", *Journal of Political Economy*, Vol. 73, pp. 461 - 76, 1965.

们认为,政府可能出于非经济的因素保护国内市场，这种保护会付出代价。Johnson（1965）[①] 进一步考察了关税同盟对公共产品的集体性消费带来的福利影响，认为提高公共产品福利也可能是加入关税同盟的动机之一。

假定国家通过征收关税来保护国内市场，私人消费因商品价格高于世界价格而受损，由于国内工业生产活动的扩大，将给国家整体带来可能超过消费者损失的正效应。Johnson 假定，如果政府的决策是理性的，那么政府确定的关税保护将保持在生产扩大带来的集体效应等于因保护而带来的消费者损失的水平。如果一国是工业品净出口国，必然会试图通过提高出口补贴和高额进口关税来促进出口和限制进口，但是在 GATT 禁止出口补贴的情况下，工业品出口国难以满足扩大国内工业生产的集体偏好。假设工业生产是由不同的产品组成的，其中不同的国家具有不同的比较优势，而且不同的国家与非工业生产相比，在工业生产中也具有不同的总体比较优势，在没有最优关税和不允许有出口补贴的条件下，通过建立关税同盟可以有效地达到“奖出限入”的政策目标。出于政治或其他的理由，政府无法对公共产品使用直接生产补贴时，建立关税同盟后产生的歧视性的互惠关税削减对每一个伙伴国所造成的损失较小，国内工业生产的削减会使伙伴国单位工业生产的增长高于非歧视性互惠关税削减引起的伙伴国单位工业生产的增长。贸易转移将使伙伴国都扩大向外国市场的出口，而不降低各自的生产水平。所以，贸易转移虽然使削减关税的国家付出一定的成本，但这种代价可能要小于因生产扩大带

① Johnson, H. G. “An Economic Theory of Protectionism, Tariff Barg aining and the Formation of Customs Union”, *Journal of Politicaf Economy*, Vol. 73, pp. 256—83, 1965.

来的集体效应的提高。总之，贸易创造和贸易转移都会因规模经济而可能给伙伴国带来福利的增加；歧视性关税削减可能优于非歧视性关税，即使关税削减产生了贸易转移，获利的仍然是伙伴国。

所以，由于公共产品的存在，建立关税同盟可能比个别最优的非歧视性关税保护措施更能有效地满足对公共产品的偏好。同时，在禁止政府补贴或其他财政转移支付等的条件下，关税同盟是提供公共产品的最优方式。此时，关税同盟的福利所得不仅仅局限于一般贸易品的贸易创造与贸易转移的大小，还来源于用在关税同盟下订立公共产品的理想条款来满足同盟内各成员国对公共产品的共同偏好。

**（二）自由贸易区理论关于国际经济一体化静态福利效应的分析**

自由贸易区理论是在关税同盟理论的框架基础上，结合自由贸易区不同于关税同盟的基本特征发展而来的。自由贸易区与关税同盟相比，具有两个显著的特征：一是对来自区外的进口产品，区内成员国保留其各自原有的独立征收关税和决定关税率的权利；二是需要采用原产地规则来防止出现贸易偏转（Trade Deflection）现象的产生，即防止有国家利用成员国之间的关税差异，从关税最低的国家进口商品再到其他成员国销售以便获利，使自由贸易的优惠仅限于在区内或主要在区内生产的产品。所以，自由贸易区的福利效应与关税同盟是不同的。

图2－2描绘了一种给定产品在H国与P国的供给曲线（$S_H$、$S_P$）和需求曲线（$D_J$、$D_P$）。H国相对于P国效率较低，经济一体化以前P国关税相对较低，为$P_WT_P$，H国的关税是$P_WT_H$，其中$P_W$是世界市场的供给价格。当H国与P国组成自由

贸易区以后，两国之间免除关税，但他们对世界其他国家仍维持各自的关税水平。此时，H 国国内的价格为 $T_P$，就如同图 2－1 所描述的那样，a 为生产效应，b 为消费效应，d 为贸易转移效应。如图2－2（a）所示，在 $T_P$ 价格下，H 国需求大于供给，差额为 L′N′。这一差额需要由自由贸易区的成员国 P 国来弥补。P 国在 $T_P$ 价格水平下供给和需求平衡，其供给量为 OM，并且会把 OM 中相当于 L′N′（假定 L′N′ = L″M）的部分出口给 H 国，而自己再以 $P_w$ 的价格从世界市场进口相当于 L′N′或者 L″M 的数量来满足国内的需求。这就是自由贸易区产生的间接贸易偏转效应。自由贸易区的“原产地规则”不能限制 P 国向 H 国出口由 P 国生产的产品和 P 国从世界市场进口产品。这一贸易偏转效应给 P 国带来的收益由矩形 g 的面积表示。在关税同盟情况下，H 国和 P 国对外征收相同的关税 $P_W$CET，其中 CET 为共同关税水平下的价格。但在CET 价格水平下，区内供给大于需求，在图 2－2（b）中表现为P 国供给超过需求的缺口大于 H 国需求超过供给的缺口。因此，同盟内的价格水平最终为 $P_{CU}$，且 $T_P < P_{CU} <$ CET。此时，TM′ = US。从 H 国来看，表示贸易创造效应的 a、b 区域减小了，而表示贸易转移的 d 区域增大了。从 P 国来看，由于价格从 $T_P$ 上升到 $P_{CU}$，消费者剩余减小，消费者承受的损失为 c；而且，由于增加了生产量 MM′，而这部分生产如果没有关税同盟可以以 $T_P$ 价格从世界市场进口来替代，因此，福利损失为 e 的面积。但总的看来，向H 国出口 TM′数量的商品会给 P 国带来收益，为矩形区域（c + f + e），而净收益为该矩形区域减去 c 和 e 的面积，即三角形面积 f。比较自由贸易区和关税同盟的效应，不难得出结论，即关税同盟相对于自由贸易区安排是一种次优方案。

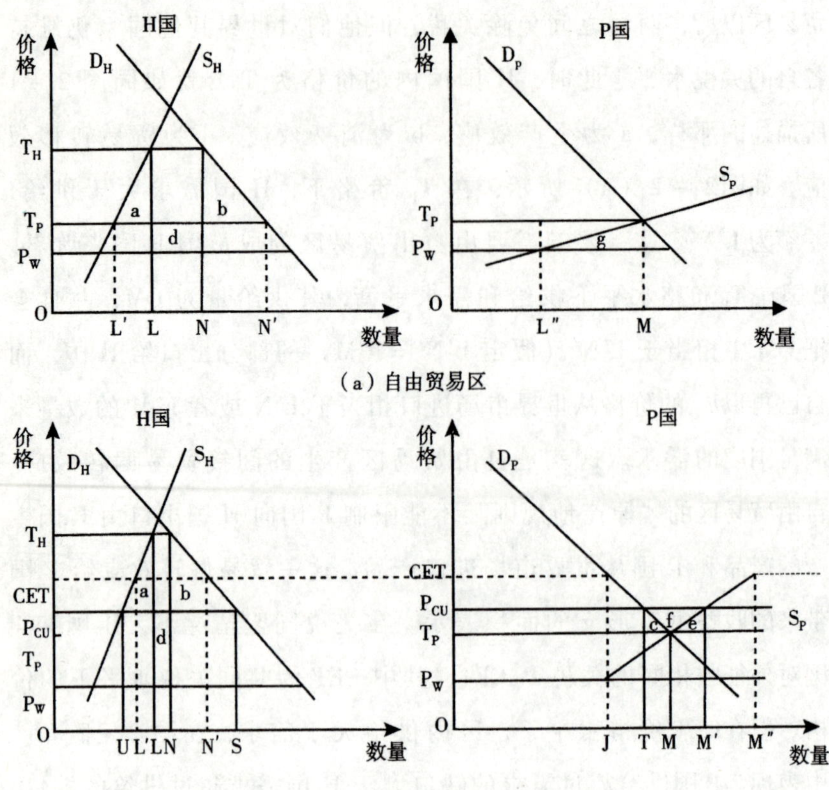


**图 2-2 自由贸易区（a）与关税同盟（b）的比较**

资料来源：彼得·罗布森著《国际一体化经济学》，戴炳然译，上海译文出版社，2001。

## 二 国际经济一体化动态效应理论

### （一）国际经济一体化理论关于规模经济效应的分析

国际经济一体化的动态效应首先是规模经济，包括成本下降效应（Cosl Reduction Effects）和贸易抑制效应（Trade Depression Effects）。图 2-3 描述了关税同盟的规模经济效应。组成关税同盟的 H 国和P 国的需求曲线和平均成本曲线分别为：$D_H$、$D_p$ 和

$AC_H$、$AC_P$。两国加总的需求量为 $D_{H+P}$。两国国内产品价格分别为 $P_H$ 和 $P_P$，且 $P_H > P_P$，世界市场的价格为 $P_W$，因此加入关税同盟前H国征税 $P_WP_H$，P 国征税 $P_WP_P$，加入关税同盟以后对外执行共同关税。P 国是高效率国，其产品除供给本国消费以外，还将出口到 H 国，P 国生产者生产规模扩大了，其平均成本下降，产品价格也下降了一些，即 $P_{CU}$ 是同盟内的价格。随着价格的下降，H 国消费者多消费了 MM′，带来消费效应 b，而且 H 国的生产者以从 P 国的进口来替代原来的生产量 OM，带来了生产效应 a。P国消费者多消费了 NN′，带来消费效应 e，生产者可以以较低的成本生产产品，带来生存效应 c，P 国还可以以高于世界价格 $P_W$ 的价格向 H 国销售产品 $N'X_U$，从中获利 f。c 和 e 就是所谓的“成本下降效应”。但是，图 2－3 中还暗含着另一种负面效应，如果 H 国和 P 国在成立关税同盟以前都从世界市场以 $P_W$ 的价格进口，但关税同盟成立以后，H 国从 P 国进口，P 国的生产厂商开始生产产品供给P国国内和H国的市场需求，

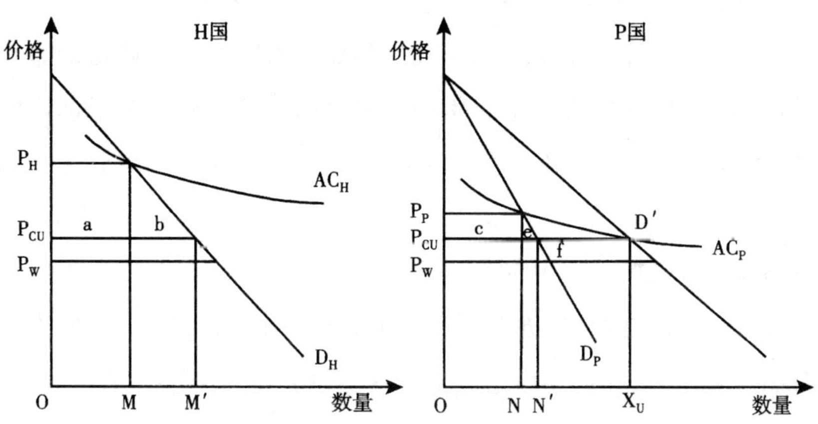


**图 2－3　关税同盟的规模经济效应**

资料来源：彼得·罗布森著《国际一体化经济学》，戴炳然译，上海译文出版社，2001。

将生产出$OX_U$ 的产品，这些产品的生产成本高于世界价格 $P_W$，从而造成了福利损失。这种成员国高成本的生产替代从世界其他地区低成本的进口，就是所谓的“贸易抑制效应”。

日本学者小岛清的协议性分工理论也是分析国际经济一体化规模经济效应的著名理论之一。小岛清在考察了欧洲经济共同体内部分工以后提出，在经济共同体内实行协议性分工可以获得规模经济效应[①]。该理论认为，为了使区域内成员获得规模经济效益，并能协调地扩大成员国之间的分工和贸易，单纯依靠传统的国际分工理论是不够的，因为传统的国际分工理论是以成本差异和规模报酬递减为基础的，没有考虑成本相同和规模报酬递增的情况，协议性分工理论弥补了这一缺陷。协议性分工的基本内容是，在规模报酬递增的部门，不同国家之间可以通过协议，相互提供市场，随着市场规模的扩大和产量的增加，签订协议的国家可以共享规模经济效益。

**（二）国际经济一体化理论关于投资效应的分析**

与国际经济一体化的贸易效应相比，国际经济一体化的直接投资效应还没有形成一个完整的、成熟的理论。早期关于国际经济一体化投资效应的研究主要集中在欧洲一体化对跨国公司活动规模和结构的影响方面。1966 年，美国学者 Kindleberger (1965)[②] 借鉴 Viner（1950）的国际经济一体化贸易创造和贸易转移学说，提出投资创造（Investment Creat. ion）和投资转移(Investment DiveI'sion）理论。投资创造效应是指国际经济一体化

① 〔日〕小岛清：《对外贸易论》，周宝廉译，南开大学出版社，1987，第345~351页。

② Kindleberger, C. P. “Emropean Integration and the International Corporation,” *Columbia Journal of World Business*, Vol. 1, pp. 65-73, 1965.

对FDI流入的刺激，致使世界其他国家对一体化区域内国家的直接投资和区域内成员国之间的直接投资迅速增加。投资转移效应发生在下述两种情况下：首先，如果区域内国家相互直接投资的增加，只是区域范围投资布局的调整或资源的重新配置，那么，一成员国投资流入的增加，将导致另一成员国投资减少，产生区域内的投资转移效应。其次，如果区域内国家流入的FDI是从世界其他潜在的投资东道国转移来的，那么，一体化区域内国家FDI的增加，将导致世界其他国家的投资减少，从而产生世界范围内的投资转移效应。

Yannopoulos（1990）① 将自由贸易区FDI的动态和静态影响与跨国公司的战略对策结合起来分析，认为根据不同的战略动机，跨国公司在自由贸易区的直接投资行为可分为防御性进口替代投资、进攻性进口替代投资、重组投资、寡占反应投资。美国经济学者Eden（1985）② 则进一步指出，跨国公司在国际经济一体化实施过程中的投资行为与其在经济一体化前对该区域的生产和投资布局密切相关。Blomstrom（1997）③ 认为自由贸易区产生积极的FDI效应取决于成员国国内的贸易自由度与区内的宏观经济稳定程度。

归纳起来，国际经济一体化的形成对发展该地区及各成员国

① Yannopoulos, G. "Foreign Direct Investment and European Integration: the Evidence from the Formative Years of the European Community", *Journal of Common Market Studies*, *Vol.* 28, *PP.* 235－59, 1990.

② Eden, L. "The Microeconomics of Transfer Pricing", in A. M. Rugman and L. Eden (eds), *Multinationals and Transfer Pricing* (*London*: *Croom* Helm), PP. 13－46, 1985.

③ Blomstrom, M. and Ari Kokko, "How Foreign Investment Affects Host Countries", *Policy Research Working Paper* 1745, The World Bank, Washington, D. C., 1997.

FDI流量与流向具有动态效应，这种效应包括投资创造与投资转移，表现为创造与转移的资本流动在两个层面上的展开：一是区内成员对区内成员的资本流动，二是区外成员对区内成员的资本流动。

**（三）国际经济一体化理论关于竞争效应的分析**

国际经济一体化组织成立后，由于成员之间取消关税和非关税贸易限制，区域内的竞争加剧，使得各成员国的生产者必须提高效率应对区域内其他生产者的竞争和合并。日益激烈的竞争将刺激生产者不断研发并采用新技术，导致科技水平和投资水平上升。与此同时，区域内不断加剧的竞争也会引起相关商品的价格下降，从而提高消费者的福利水平。这些由竞争引起的福利效应，都被称为国际经济一体化的竞争效应（Competition Effects）。

国际经济一体化的竞争效应主要包括市场结构效应和技术创新效应。假定A、B两国要素禀赋相同，并以相同的技术生产商品X。当两国间不存在贸易往来时，A国市场上的商品由一家垄断厂商生产，B国市场上的商品生产是完全竞争的，显然，B国市场上的商品价格要低于A国。如果两国结成经济一体化组织，商品可以在两国间自由贸易，那么B国将向A国出口商品。此时，我们可以得出以下的结果：①两个市场结构不同的国家，即使要素禀赋、生产技术、市场需求等因素都相同，结成经济一体化组织后也能产生使福利水平提高的贸易创造；②经济一体化改变了原来某些成员国国内垄断性的市场结构，A国的市场结构将从垄断变成竞争，从而使整个区域内的福利水平有所提高。这就是竞争的市场结构效应。

除了市场结构效应之外，经济一体化还会产生竞争效应的第二种表现形式，即技术创新效应。技术创新能够改变生产过程中所需要的要素数量和比例。假定某种产品的生产需要劳动力和资本两种要素。在没有进行技术革新以前，生产 1 单位该产品需要 a 数量的劳动和 b 数量的资本，技术创新将使得单位产品所需要的要素数量减少，产品的单位成本下降，产品市场竞争力不上升。当经济一体化组织建立后，区域内的各厂商失去了贸易壁垒的保护,都在统一的同盟市场上销售其产品，因此竞争的压力将迫使厂商加大对研发的投入，加快技术革新的步伐。

### （四）国际经济一体化理论关于增长效应的分析

国际经济一体化的增长效应主要来源于三个方面。

第一，生产的专业化以及劳动生产率的提高。Baldwin (1989)① 对 1992 年欧洲统一大市场建立之后的动态效应做了前瞻性研究，认为生产组织方式的任何一个重要进步，都会改变产业活动的条件，诱发不同侧面的一系列效果：进入市场的产品种类增加,市场一体化程度提高，新企业的出现，劳动生产率的提高，市场规模的扩大，收入增加等。归根结底，生产组织方式是决定性的，而且其演进过程是生产的均衡移动，是能够产生使生产率提高、收入增加，从而进一步扩大市场规模的良性循环机制的，并以积累的方式完成分工的自我繁衍。在现实经济中，收益递增很大程度上取决于生产的专业化和分工的演进。随着产业间分工的扩大，有代表性的企业与其相应产业一样，会逐步丧失其身份和地位，它的内部经济被后续者分解为更高的专业化企业的内部经济和外部经济，并且由新的经济所补充。这种分解是对产业最终产品市场增长所创造的新形势的调整，由此，产业间的劳

① Baldwin, R. "The Growttl Effects of 1992," *Economic Pollcy*, October, 1989.

动分工形成了一种收益递增机制。长期经济增长的可能性就孕育在这些变化中。

第二，技术变革和技术外溢。受到技术机会和市场需求的双重驱动,企业在自身发展利益的激励下，利用已经获得的知识和技术基础进行有效的技术开发活动。这种技术开发活动，无论是技术创新还是技术模仿，都能达到增加利润的目的。同时，在经济外部性的条件下，每个生产厂商的知识增长都能使整个社会普遍受益,并且得益于这种源自经济系统内部的知识积累和外溢作用，资本的私人边际产出才会持久地高于贴现率，使生产出现递增收益,经济得到持续增长。在形成较高层次的经济一体化之后，外部条件的变化和市场规模的驱动对具有竞争力的企业来说会产生积极的影响。

第三，资本积累。许多经济增长模型都可以用来解释资本积累的作用。但是在对国际经济一体化的研究中，一般忽略了由市场规模扩张和竞争加剧所引起的资本积累效果。对此，Baldwin指出，欧盟自 1992 年形成统一的大市场之后，资本积累的动态经济效应是积极的，然而在现实中，人们往往低估了它。尽管Baldwin 的观点有理论支持，同时也能找到现实依据，但在一般经济一体化动态效应分析中很难对其进行具体的测定。

## 第二节　区域服务贸易自由化经济学分析

分析区域服务贸易协定要对传统贸易理论进行两方面的扩展，这主要是由于服务贸易在核心特征上与货物贸易存在区别。第一是服务贸易的提供方式，第二是服务贸易采取的贸易保护方式。

服务贸易壁垒和限制措施对国外服务提供商的一般影响主要

是增加了经营的可变成本，在这种情况下，许多服务部门因国内管制而产生市场准入和贸易限制的障碍。但是在区域服务贸易协定的优惠贸易安排下，贸易壁垒的消除并不是以一国海关关税的减少为代价的，而是通过降低市场准入门槛、享受国民待遇，取消对劳动力和资本流动的歧视性限制（比如对外资股权占比和数额要求的限制），制定合理的国内规制（比如技术标准、许可证和资格认定等国内规制），加强区域内的各国法规互认和协调统一技术标准来达到服务贸易自由化效果的。因此，服务贸易自由化的优惠安排以不影响关税的现实为条件，进而提高成员国的整体福利。

大部分的服务贸易要求提供者和消费者的物理接近，区域服务贸易协定的优惠安排不仅针对跨境贸易，还将涉及服务行业对外直接投资和个人的服务跨境提供。鉴于服务贸易和货物贸易的巨大差异需要对传统的优惠自由化安排的经济效应进行修进，当一个国家在区域服务贸易协定中的开放水平高于多边承诺水平时又将出现什么样的状况，因此我们需要了解对服务贸易进行优惠安排的原因以及分析它与货物贸易优惠安排经济效应的不同。

## 一　区域服务贸易协定成本和收益的理论分析

### （一）服务贸易协定的优惠来源

服务贸易市场优惠准入的获得主要取决于一国所采取的保护性措施，通过对服务进口和外国服务提供商的数量限制，一个国家对数量配额的分配就成为优惠安排的来源。比如空运、陆运和海运，一国通常对货运和客运进行优惠配额，在试听服务业中，对国外广播的广播时间配额给予优惠，还有一些对电信运营商、银行和允许经营的专业人员人数的限制。

另一个限制市场准入的常用方式就是对外资的所有权占比进行限制,即国外投资的实体合作模式（合资、合作、独资企业)。虽然大多数东道国政府为国外投资者提供国民待遇，但这种待遇很少适用于开业建设的前期阶段。这使得东道国对国外服务提供商提出了各种性能上的要求，比如在高层管理人员的培训和招聘方面，然而这些限制可以在优惠贸易安排中得以消除。

一般情况下，东道国可能采用不同的税种对国外提供商收税，在国民待遇方面也拒绝给予他们参与本国补贴计划的机会。在区域优惠服务贸易安排中，这些歧视性的措施可能会被选择性地消除,国外提供商也可以从税收和补贴中获得优惠待遇，试听服务的合作生产协议就是一个例子。

另外一个优惠待遇是通过与技术性法规、许可证和资格认证相关的国内规制获得的。在某些部门，特别是专业服务和金融服务部门,东道国往往有监管的偏好，国内的法规要求和许可证制度往往导致国外提供商信息不对称。然而这些也会被优惠贸易安排中的成员有选择性地豁免。

**（二）对可变成本影响的测量**

服务贸易限制性措施的一个共同效应就是增加了国外提供商运营的可变成本，在这种情况下，对歧视性法规的分析类似于关税，签订区域性的优惠自由贸易协定，会因为从区域外低成本的进口转移到区域内高成本的进口，而产生贸易转移。尽管自由化带来的消费者剩余有所增加，但优惠贸易安排的低关税和零关税会造成关税收入的减少。如果提供商施加的保护性的贸易措施是规则壁垒，这种情况就并不会给政府和其他国内机构带来相应的收入。优惠服务贸易安排对一国海关税收并不造成影响，因此，服务贸易自由化的优惠安排可以提高整体福利。

然而，优惠贸易安排的非成员国家将会受到损失。消除不必要的国内规制意味着减少了提供商的成本，也降低了进口国家的服务价格，价格的降低会减少非成员国提供商的销量和生产者剩余的损失。

对歧视性规则的分析还涉及对服务贸易的数量限制。就货物贸易来说，配额的租金被分配给进口中间商而不是外国出口商，然而对于多数服务行业，由于服务业的无形特征和生产者对消费的直接提供，进口中间商很难获得配额租金，因此租金通常是被出口商而不是国内进口商获得。

从以上的讨论可以知道，一国对国外服务提供商施加的服务贸易壁垒并不能增加该国的税收并提高服务的质量，因此，实施优惠性的贸易安排将会使国内福利提高。

### （三）固定成本的测量

一国采取大量限制服务市场准入的措施将增加服务商开业的固定成本，包括建立当地业务，进入市场的许可证费用，提供专业服务资格重新认证，而且这些成本有可能是合理的政策目标。为了分析固定成本，我们假设服务市场不是一个完全竞争市场,考虑到服务企业面临边际成本不变和两种类型的固定成本，即企业的固定投资成本（与政策无关）和在每个市场进行销售的固定成本（与政策有关）。有三个国家：东道国、伙伴国、第三国，为了简单起见，我们假设他们最初的成本相同，三个市场是被分割的。我们假设每个市场都有他们的固定成本，而且没有其他的市场进入和退出限制，这样企业的数量会随政策的变化而变化，在保持许可证和当地资格认证限制不变的情况下，消除其他相对严格的进入壁垒，每个企业获得的利润刚好可支付其固定费用。

在非歧视基础上，最开始，服务企业在这三个市场将面临相同的政策性固定成本 H，在三个市场都销售的成本为 3H，两个市场销售的成本则为 2H，现在 X 国和 Y 国实行相互承认的自由化政策,那么服务提供商可以按照这两个国家的规范在市场自由销售，也就是说，X 国和 Y 国的公司只需支付成本 H 便可同时进入双方的市场。相互承认的优惠可能会扩展到 Z 国，也可能不会。如果没有扩展到 Z 国的公司，则只有 X 国和 Y 国的企业收益。实际上，这种排斥是通过限制性的原产地规则实施的。也就是说，X国和 Y 国的企业只要满足本国的市场规范就可以进入这两个市场销售，但是 Z 国必须要分别满足两国的市场规范要求。这意味着 X 国和 Y 国只需要支付一个 H 的固定成本便可以在两个市场销售，而 Z 国将支付 2H 的成本。由此产生的结果会使X 国和Y 国企业的获利能力得以改善，竞争的增强将导致价格下降,成本过高的Z国公司将被迫退出该市场。

现在考虑这种情形，当 Z 国企业在两个市场获得产品认证，并允许在X 市场和 Y 市场销售，这种固定成本自由化效果使所有企业获益的程度相同，因为现在任何一个希望进入 X 市场和 Y 市场的企业只需支付一个成本 H，Z 国企业不再处于劣势地位。若一个企业同时进入这三个市场销售也只需支付 2H，非排斥性的相互承认把同时进入三个市场的成本从 3H 降到了 2H。利润的提高将会吸引更多服务提供商的进入。

国家之间的这种相互承诺会带来市场竞争的加强，而排斥性的相互承认会使得 Z 国被挤出 X 市场和 Y 市场，如果 Z 国企业边际生产成本较低，他们的退出将会使得 X 市场和 Y 市场其他企业的平均边际成本增加，这种增加甚至会抵消相互承诺所带来的固定成本减少的收益。而如果允许Z国也从相互承认中获益，则Z国的进入会刺激竞争的增强。如果这三个国家都实施相互承认的协议，那么任何一个企业在这三个市场进行销售所产生的固定成本都只有H，这种方式不仅降低了经营成本，而且也不存在把更有效率的服务提供商挤出市场的风险。可见，在所有国家实施相互承认是最可取的方式，而各国具有差异性的服务提供以及消费者从多样性的服务提供中获益会使得这种方式的效应放大。

**（四）对服务提供商数量的限制措施**

许多服务行业的规范主要是政府对竞争水平的管制，这种对竞争管制的现实有其存在的理由。当行业存在显著的规模经济和自然垄断下的行业细分特征时，通过兼并或收购或通过再投资的方式进入是被允许的。但随之而来的问题是，无论是基于歧视性的优惠待遇还是最惠国待遇条件下允许有限的外国企业的进入，都不会使福利增加。主要的原因在于即使消费者能从竞争水平的提高中获益，这种收益也很可能会从国内供应商转向国外供应商而抵消掉。为了让新进外资流向较弱或资本不足的国内机构（通常发生在金融领域），常常会在市场准入方面进行限制以引导外资的流向，帮助国内企业在顺应自由化进程的过程中进行重组和改制。以上的分析会产生外商如何选择市场进入的模式问题，外资企业进入首先考虑的模式是企业并购，这种方式比建立一个新企业面临的竞争少，也易于建立后发优势，同时外资企业的投资使得国内企业可通过对转售、拍卖、重组等资产处置的方式获得收益。如果只允许有限的外商进入，那么通过非歧视性市场进入的（比如全球拍卖执照方式）将比优惠市场进入的更有效，最有效的提供商往往能够产生较大的外部效应（包括知识溢出和全要素生产率的提高），而歧视性优惠市场准入并不能保证最有效的外商投资者能获得市场进入的机会，如果对投资没有原产地规则的限制，而建厂的偏好确实导致了劣质厂商的进入，优惠自由化带来的负面影响可能会更大。采取非歧视性自由化则能使最有效的服务提供商更容易进入。可见，区域优惠自由化由于限制了区域外潜在的服务提供商，优惠自由化的进入壁垒会给消费者带来较高的价格，降低了国内资产的收购价格和政府发放牌照的费用。这些问题可能会在集中的区域市场加剧，这种现象在发展中国家也屡见不鲜。

**（五）沉淀成本和自由化的顺序**

沉淀成本对于货物和服务生产都非常重要，然而，特别的市场需要选择特殊的经营地址，这就产生了沉淀成本。因为一些服务提供商需要建立在靠近消费者的地方，选择特殊地点的沉淀成本无疑要高很多，优惠贸易安排可能使服务业的竞争比货物部门保持得更持久。最先进入市场的提供商战略性地采用由承诺价值所构成的沉淀成本极为重要，比如通信或者运输网络服务企业今后很难转售它的设备，约定价值越高则资本折旧越慢，如果一些企业最先被允许进入市场，它们的资本和优势的积累就会限制其他企业的进入。资本不仅仅包括实物资本，一个企业能够通过广告和抢占需求市场的宣传活动发展它的客户，客户的信息越不完善，提供商更迭的转换成本也就越大。即使一个较好的新进入的提供商出现，消费者往往也不愿意轻易改变对以往服务商的依赖。服务的网络外部性使得这些企业的先进入效应会更强，比如在通信行业，后进入者的技术标准必须要符合先进入者的技术规范才能完全适应下游厂商和消费者的需求。而这些先进入者已经成功服务于他们所选定的加盟商并实施特许专营。这些企业的资本积累加强了他们的先发优势，也阻碍了后来者的市场进入和市场竞争。由于沉淀成本的重要性,按先后顺序进入与同时进入会产生很大的差别，先进入者可能会比同时进入市场的提供商获得更多的好处。第一，如果进入的成本很高，先进入者的沉淀成本势必会造成后来者的进入障碍，由此易形成一个垄断的市场结构。第二，低劣的提供商也会因为先发优势占据市场的主导地位，这种地位的持久性最终取决于与成本和质量相关的沉淀成本。对于后进入者来说，在没有直接的资产转移成本和信息不对称的条件下，一些高效的企业可以通过收购的方式来规避先进入者利用先发优势形成的进入阻碍。第三，对于某些服务部门，企业可以干中学，比如先进入的银行在前期所积累的经验可以减少他们目前的成本,加强他们的竞争优势并阻止其他竞争者的进入，以这种形式形成的进入障碍相反会提升整个福利水平。

## 二　区域服务贸易合作制度监管

优惠贸易协定可以在国际运输和金融服务领域获得来自规模经济的收益，加强商业和专业服务行业的竞争。一般来说，这些收益可以通过 GATS 下的最惠国待遇获得，但是在实际中，服务市场一体化常常要求监管制度的趋同，这种趋同可能在双边或区域框架下更可行，因为地理位置、收入水平和法律惯例的接近意味着更紧密的体制和管理关系。

### （一）规则协调和相互承认的监管合作

国内管制造成服务业市场失灵的原因主要归为以下三个方面：第一，信息不对称（特别是知识密集型服务业，如金融服务业和专业服务业）；第二，经济外部性（旅游、运输等服务业）；第三，自然垄断。

对前两个方面来说，一国为了扶持国内的服务提供商而采取的一些政策性倾斜措施和法规往往会成为国外提供商的贸易障碍。因此，对服务业法规进行必要的测试，以及加强规则的透明度，能使出口商更好地适应国内的监管制度，这样做也可帮助国内法规变得更为合理，为国内消费者和服务使用者创造更多的收益。对某些部门来说，由不利于竞争的国内管制所产生的自然垄断会导致贸易保护，妨碍市场准入的谈判。而制定一个统一的、标准的、便利的市场准入国际规则会消除国内垄断性服务提供商利用他们的市场优势地位抑制竞争的情况，国外提供商的进入带来的竞争可为消费者提供更多的选择和收益。这一点在各国对基础通信服务的谈判中可以得到很好的验证。

为了使各国的服务贸易提供商能更好地适应国内和国外法规，一个国家有必要采取适当的合作层次（多边、区域、双边）以及适当的机制（国际规则和标准）和方式（相互承认或协调）与其他国家合作。国际规则能够解决因各国监管标准的根本性分歧带来的贸易障碍，在这种情况下，有两个备选方式可供选择：协调和相互承诺，但往往前者是先决条件，当双方在一个可接受的最低标准下进行某种程度的事先协调，相互承诺才可能得以实施。对全球范围的多边合作而言，区域性的国家的法规协调合作更可取。然而需要强调的是对监管合作收益要有实证经验指导，对法规标准的协调深度以及建立互认协定的成本和收益要明确，如果缺少实证的证据则难以确定合作的深度和范围、最优的制度模式。

如果国家标准不是最优的或者没有充分完善，那么区域和国际协调或者共同标准化就能成为提高这些标准的一种方式，比如在金融领域对巴塞尔协议资本充足的统一标准的设定。在这种情况下，最好的监管合作伙伴可能是那些监管体系比较完善的国家，但有时监管体系完善的国家不一定是区域内的成员。而且，标准设定程序有时会被贸易保护利益所侵占，因此围绕有效监管的制度趋同将成为实现自由化目的的有效措施。

另外一种考虑是这些收益不仅来自监管合作，还受成本的影响。监管合作可以促进国内法规的完善，但法规趋同的总调整成本依赖区域内国家政策标准的差别程度。如果国外法规非常相似，监管体系广泛兼容，那么调整成本就很小。协调消除政策上的分歧依赖创建一个真正的一体化市场，这取决于国家间的“自然距离”，比如物理空间距离、经济发展水平、法律体系、语言的相似性。

如果国家制定的标准能够有效地服务于国家的目标，在一体化市场获得的收益和调整国内法规成本之间就要有一个均衡。例如，一个贫穷的国家可能更愿意在某些服务领域维持一个强制性的低标准，因为它反映了价格、质量、执行能力的最优均衡，而一个富裕国家的最优均衡可能导致偏好一个更高的标准。在这种情况下,制定统一的标准能够使成员国从一体化市场的竞争加强中获得收益，但是必定会在一个国家产生社会成本。这个问题在日益增长的南—北型一体化协定中更为突出。

### （二）区域贸易协定是服务业的最优监管领域

规则趋同会使各个国家的总体福利最大化，在区域贸易协定中可以平衡参与协定的成本和收益。在这个优化的监管领域，必须认识到合作是一种交换监管改革经验的方式，有利于找出更妥善的监管办法。这种监管合作形式，对以持续性技术变革为特征的新兴服务部门是最有效的方式。发展中国家是有兴趣与具有长期监管改革经验的发达国家合作的，因为发达国家拥有最新的技术，它们往往会对最新技术的使用进行监管。

然而，个别国家是否能从规则趋同或者协调中获益，他们是否愿意加入这种合作取决于对标准的设定水平和响应这种标准的监管环境，其中响应标准的监管环境又反过来决定了采用该标准的调整成本。制定规则趋同的动机可能取决于市场的相对规模，一般小国家会受益更多，因此加入欧盟的小国家会接受承担全部的调整成本。需要注意的是监管趋同的过程本身就涉及调整的沉淀成本。一个国家需要慎重考虑与贸易伙伴的规则逐步趋同的协调顺序,其中一个原因就是协调顺序会影响到不同国家集团在谈判中讨价还价的能力。最后需要考虑的是优惠贸易协定内成员和非成员之间为维持和管理各自不同的监管要求和监管程序，将产生一些行政管理负担。这些成本对于一些发展中国家支持多边承诺的谈判来说很高，它也鼓励多边规范首先应在区域层面协商安排，或者鼓励国家把提供给区域贸易协定成员的优惠也相应地授予第三国。

## 第三节　服务贸易多边规则的政治经济学分析

### 一　GATS 规则的政治经济学分析

GATS 作为国际多边服务贸易往来的行为准则，具有 WTO 基本框架的共性，同时也反映了国际服务贸易自由化的特性。

#### （一）从产生看，GATS 与生俱来地带有政治经济学烙印

邓力平和陈贺菁（2005）详细介绍了 GATS 从酝酿到产生的过程。概括起来，GTAS 的形成总体上经历了一个“倡议 - 否

决－再倡议－磋商/争论－妥协”的路径，在这一过程中，发达国家始终是多边服务贸易议题的倡议者和推动者。尽管在最初，发达国家阵营内部有不同的利益和立场，但是很快达成了统一。国别利益差别让位于发达国家与发展中国家之间的利益产生矛盾。发展中国家由最初的坚决抵制到改变立场接纳并参与服务贸易议题,主要原因在于只有积极地参与服务贸易国际规则的制定，才能不受制于发达国家主导制定的规则框架，在协商、谈判的基础上，双方相互妥协、让步最终达成有利于各方的统一协调的制度、规则。这时，从发展中国家角度看，发达国家与发展中国家之间的矛盾让位于经济全球化下多边贸易体系与主权国家利益之间的矛盾。GATs 的产生正是国际经济关系的若干基本矛盾共同作用的产物。

### （二）从内容看，GATS 各原则具有鲜明的政治经济学特征

1. 最惠国待遇原则

最惠国待遇原则在 GATS 中是成员方应承担的一般义务，但 GATS 允许成员方在实行这一原则时可以有一定的例外，GATS 在最惠国待遇原则下规定的诸多例外免除条款在一定程度上反映了 WTO对成员国政府服务贸易的宏观管理调控职能的尊重，也体现了部分成员保持现存的与其贸易伙伴间的优惠安排的愿望，虽然这些优惠安排可能因为基础狭窄而不能包容在总协定第 4 条所认可的与经济一体化相应的最惠国待遇原则的可偏离范围之内，但 WTO 仍对成员方保持现存的双边或区域性的优惠安排表示认可。此外，还结合考虑了某些大国对于“免费搭车”的顾虑，在无法有效地保证严格对等性的条件下，有条件的最惠国待遇将有效遏制某些成员“免费搭车”、坐享服务贸易多边谈判好处的心理和现象。

众所周知，无条件的最惠国待遇能在很大程度上“锁定”各国已经承诺的保护水平，约束大国在面临经济衰退或进口竞争利益集团的保护要求的压力时的行为，不能通过撤销减让来影响市场，或者出于政治原因给予某些国家更优惠或歧视性的待遇。但是由于GATS 实行的是有条件的最惠国待遇原则，发展中国家在服务贸易谈判中居于明显的劣势。服务贸易的最惠国待遇问题将成为发达国家与发展中国家争论与产生矛盾的主要焦点之一，这大大增加了服务贸易多边谈判的交易成本。

2. 市场准入和国民待遇

在国际服务贸易自由化的发展过程中，市场准入和国民待遇始终是包括发达国家和发展中国家在内的各国交锋的重点，这既是由服务贸易的特性决定的，又反映了各国在经济全球化进程中的不同利益。和货物贸易不同，市场准入对服务贸易是至关重要的，服务贸易发展水平高的发达国家迫切需要通过有保证的市场准入来打进发展中国家的市场，而发展中国家则希望通过尽可能考虑其利益规则来适度保护本国的服务市场。国民待遇原则在服务贸易领域中的适用程度同样是发达国家和发展中国家反复谈判的问题。

3. 发达国家的折中和发展中国家更多的参与

从 CATS 发展的动态来看，发达国家和发展中国家之间的激烈矛盾和后期的相互妥协形成了一个博弈过程，正是在经济全球化的大背景下，正是各国对相互依存的国家间经济关系的深入理解，使得GATS 最后在妥协和合作中诞生。因此，应该对发展中国家逐步在国家服务贸易自由化进程中发挥的作用持肯定的态度，也应该对发达国家在这一进程中的现实态度予以肯定。从一定意义上说，这是 WTO 由“富国俱乐部”逐步向具有公平互利性质的国际组织转变的一个体现。从更深远的意义上来看，发达国家和发展中国家之间在利益上的争夺仍将是未来国际服务贸易自由化的基调。

## 二　区域服务贸易自由化与多边服务贸易自由化的关系

区域与多边开放同属于协议开放，指通过签订条约的形式推进区域和多边的服务贸易自由化水平。在 WTO 组织成立以后，区域性的服务贸易规则作为有关区域经济一体化协定的一部分而普遍存在，并且处于越来越重要的位置。在区域贸易一体化组织发展的同时，1995 年 WTO 成立以后，也一直在为推进服务贸易领域内的自由化做着不懈努力。1997 年，WTO 达成了三项重要的服务贸易协定，即《基础电信协定》、《信息技术协定》和《金融服务贸易协定》，从而大大推进了这三大领域内服务贸易自由化的发展。2002 年初启动的 WTO 首轮多边贸易谈判“多哈发展议程”中，服务贸易自由化仍是三个市场准入的议题之一。

区域与多边协议下的服务贸易自由化各具优势。与多边开放相比，区域开放所具有的优势在于：第一，由于最惠国待遇原则，在多边服务贸易机制下，过早或过多地开放会使一些承诺水平低的国家获得“搭便车”的现象，为了有效避免这种情况，在区域范围内展开谈判，既可以节约谈判的成本，又可以在发展水平相似的部门达成统一的开放承诺，从而有利于协调和保护各成员方的利益。第二，服务贸易总协定要求区域服务贸易协定的承诺水平要高于 WTO 中的承诺水平，因此区域性的服务贸易自由化深化合作有利于进一步推动服务贸易自由化的进程。相比较而言，区域性的服务贸易自由化合作更具有可执行性。第三，区域服务贸易协定的签订，以及在此基础上建立起来的旨在不断深化服务贸易自由化水平的地区力量，会在诸多层面上形成利益共识。在面对多边服务贸易自由化进程谈判时，这种区域性合作凝聚的力量，无疑会改变发展中国家作为单独个体进行谈判所处的弱势地位，增强其参与多边服务贸易规则制定、国际监管合作、国际标准制定等一系列政策制定的话语权，维护本地区和各区域成员国的核心共同利益。所以，这些潜在的优势会极大地激发区域内成员国推动区域服务贸易自由化及服务贸易领域的相关合作的热情,提高区域服务贸易的发展水平和增进参与方福利。就目前而言,面对多边服务贸易自由化进程进展缓慢的状况，区域性的服务贸易自由化似乎对多边体制的自由贸易发展形成了一定的挑战，但区域内成员积极推动服务贸易自由化的行为和目标从某种程度上来说又是为多边服务贸易自由化未来获得更好的发展奠定了基础。

目前，区域服务贸易自由化程度要高于多边服务贸易自由化承诺水平，具体表现在以下几个方面：①GATS 中的国民待遇和市场准入不作为一般义务；而在区域贸易协定中，国民待遇和市场准入都是一般义务，这是一个根本性的差别。②在区域服务贸易自由化下，国民待遇和市场准入适用的部门都是通过谈判后以肯定列表方式列出的；而区域服务贸易协定多数都采用否定列表方式。③对于不适用规则的类似于“祖父”的条款，GATS 是以否定列表列出的，而区域服务贸易协定则一般更具透明度，并敦促各方明确所有不适合的范围和部门。④区域服务贸易自由化所覆盖的部门数量一般远远高于在 GATS 中做出承诺的部门。⑤区域服务贸易开放的水平还会更高。其开放的层次主要通过三个方面来体现，第一是非歧视性。只要服务提供者的产品相同，就应该享受相同的国民待遇。第二是相互承认，为了使区域性的规制趋同，比如在资格认证、学历认证方面，成员方通过相互承认对方的资格，可使具备相关技术的服务人员在自然人移动服务提供方式上获得更多的便利。第三是国际协调，主要是通过国际协调达到对国际标准的趋同。由于不同的国家为确保服务质量会制定不同的标准，标准的不同会增加成员国进入对方市场的成本，而协调统一的标准有利于各国的监管一致性，在统一的标准下提供标准化的服务。

不过，从效率角度来看，与区域性开放相比，多边开放显然更胜一筹。多边开放不仅可以在更大的范围内推行服务贸易自由化，享受到更广泛的服务贸易自由化的收益，而且也可以有效地避免区域开放中可能存在的负面效应。由于区域开放的成员数量受到限制，成员中未必能包括世界上服务最有效率的国家，这样区域性服务贸易自由化形成后，可能会使服务提供商由效率较高的企业转向效率较低的企业，造成贸易转移的损失。对服务业来说，由于服务产品的信息不对称，消费者转变服务提供商面临着极大的不确定性，所以先进入的企业具有先发优势，阻碍有效提供商的进入，这也是区域服务贸易自由化面临的突出问题。而多边谈判显然能够通过增加谈判方数量，相对有效地解决这个问题。多边谈判使服务要素在全球范围内得到优化配置，服务将由最有效率的供应商提供，会最大限度地增加全球福利和国家福利。

# 第三章　中日韩服务贸易发展现状及测度指标分析

加入 WTO 以来，随着我国服务业市场的逐步开放，我国服务业和服务贸易获得飞速发展，服务业占 CDP 的比重不断提高，服务贸易年均增长速度高于同期货物贸易和国民经济的增长速度，但我国服务贸易整体仍处于贸易逆差状态，而且贸易结构不协调。日本、韩国、中国经济发展水平不同，在服务业及服务贸易领域也存在着结构性差异，要建立中日韩自由贸易区并进行服务贸易合作，必须对各国服务业的发展现状进行分析，对各服务贸易部门的国际竞争力进行测度和评估。本章将对中国、日本、韩国服务贸易国际竞争力进行测度和细分，在测度过程中，笔者对已有的衡量服务贸易竞争力指数的指标进行归纳和整理，通过比较指出各自的使用范围，在其基础上选用贸易竞争力指数（Trade Compctitiveness Index，TC 指数）和显示性比较优势指数（Rcvealcd Comparative Advantagc Index，RCA 指数）对中日韩三国的服务贸易竞争力进行测度。

# 第一节　中日韩整体服务贸易发展现状

## 一　中日韩服务业发展总体情况

随着经济全球化与全球制造业格局的调整，发达国家逐渐步入“后工业化时代”，制造业增加值占 GDP 的比重下降。日本服务业成为日本经济最大和最重要的部门，其服务业增加值占 GDP 的比重较高并且持续上升，从 1997 年的 65. 5% 上升到 2008 年的 70. 2%；韩国的服务业增加值占 GDP 的比重在 2008 年也达到了 60. 3%；中国服务业增加值占 GDP 的比重较低，2008 年只有 40. 1%（见图 3 - 1），远低于发达国家 70% 的平均水平，也低于发展中国家 50% 的平均水平。

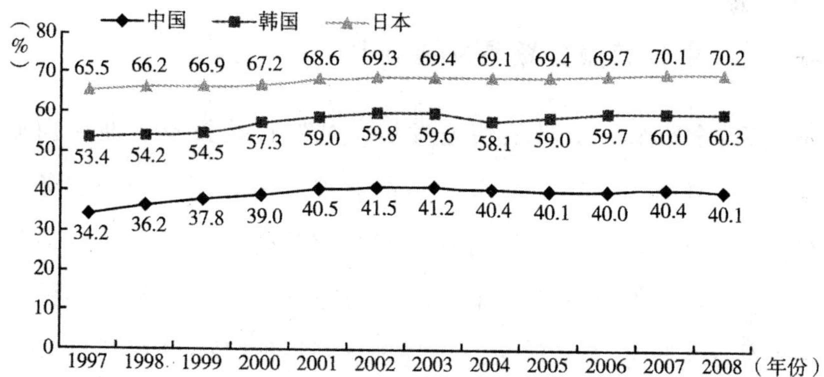


**图 3 - 1　1997 ~ 2008 年中日韩服务业增加值占各自 GDP 的比重**

资料来源：联合国服务贸易数据库，利用 EXCEL 绘制而成。

近年来我国第二产业占 GDP 的比重保持在 41% 左右，工业基数大，而且其增加值增长率也高于同期 GDP 的增长率，第二产业与第三产业增加值之和占 GDP 的比重将近 60%。对第三产业而言，制造业同样保持快速发展态势，服务业占比提升的空间较大，从中我们可以看到服务业增加值的快速增长势头，其增长速度远远高于日本和韩国（见图 3-2）。

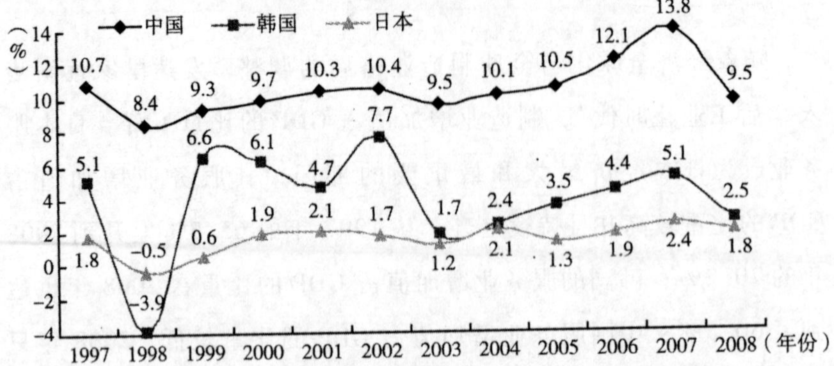


**图 3-2　1997～2008 年中日韩服务业增加值年增长率**

资料来源：联合国服务贸易数据库，利用 EXCEL 绘制而成。

## 二　中日韩服务贸易发展概况

随着全球服务贸易的快速发展，对外直接投资不断流向服务业，中日韩三国顺应服务贸易的发展趋势，逐步增强服务业在国民经济中的地位，提高本国服务贸易部门的竞争力，通过实施服务贸易促进政策、建立区域服务贸易协定等措施加强区域或双边的服务贸易往来。通过表 3-1 我们可以看到中日韩三国服务贸易规模在世界范围内所处的地位，中国服务贸易规模不断扩大，其市场占有率由 2000 年的 1.99% 上升到 2009 年的 3.79%，世界排名上升到第 5 位；日本服务贸易规模呈现下降的趋势，由 2000 年的 4.53% 下降到 2009 年的 3.76%，世界排名一直保持在第 5 位，直到 2009 年落后中国排在第 6

位；韩国服务贸易规模基本保持平衡，在1.7%～2%的范围内波动，其世界排名由2000年的第13位下降到2009年的第18位。

**表3-1　中日韩服务贸易国际市场占有率及排名**

| 项目 \ 年份 | | 2000 | 2001 | 2002 | 2003 | 2004 | 2005 | 2006 | 2007 | 2008 | 2009 |
|---|---|---|---|---|---|---|---|---|---|---|---|
| 中国 | 国际市场占有率(%) | 1.99 | 2.18 | 2.42 | 2.47 | 2.73 | 2.91 | 3.17 | 3.53 | 3.78 | 3.79 |
| | 世界排名 | 14 | 12 | 11 | 9 | 9 | 8 | 8 | 7 | 6 | 5 |
| 日本 | 国际市场占有率(%) | 4.53 | 4.21 | 4.00 | 4.10 | 4.26 | 4.30 | 4.05 | 3.73 | 3.83 | 3.76 |
| | 世界排名 | 5 | 5 | 5 | 5 | 5 | 5 | 5 | 5 | 5 | 6 |
| 韩国 | 国际市场占有率(%) | 2.00 | 1.90 | 1.73 | 1.74 | 1.83 | 1.76 | 1.72 | 1.83 | 1.98 | 1.71 |
| | 世界排名 | 13 | 14 | 15 | 15 | 15 | 16 | 18 | 18 | 15 | 18 |

资料来源：根据联合国服务贸易数据计算而得。

中日韩三国的服务贸易总量占世界服务贸易总额的9.3%。如此大的规模为三国服务贸易提供了广阔的市场，也为三国进一步加强服务贸易合作奠定了坚实的基础。在此，笔者对中日韩三国服务贸易的发展现状进行具体分析，从而更好地了解各国服务贸易发展的特点。

### （一）中国服务贸易发展状况

从20世纪90年代开始，我国重新认识了服务业在国民经济中的重要地位，加紧了对产业结构的优化和调整，开始把大力发展服务业摆在突出的位置。因此，随之变化的是，在服务业不断提升的情况下，服务贸易同样获得了快速增长的态势，相比之前取得了显著的进步。

1. 服务贸易规模不断扩大，保持高速增长态势

改革开放以来，我国的服务贸易规模不断扩大，服务贸易的发展速度保持了快速增长的态势。1982～2009 年，我国服务贸易总额由43.4 亿美元增长到 2868 亿美元，增长了 65 倍，年均增长率为16%。从增长规模和速度来看，中国服务贸易总量的增长倍数远远高于同期全球服务贸易总量 8.4 倍的增长，其年均增长率也高于同期全球服务贸易进出口总额年均增长率。2009年我国服务贸易总额首次超过日本，排名由 1982 年的全世界第28 位上升到了第 5 位，其中服务贸易出口排名第 5 位，服务贸易进口排名第 4 位。虽然服务贸易保持着快速发展的态势，但我国服务贸易额占对外贸易额的比重较低，2009 年占比提升至13%，也只达到发达国家服务贸易占外贸总额比重的一半左右。

2. 服务贸易逆差进一步扩大

随着我国加入 WTO，服务贸易开放承诺的逐步兑现，服务部门开放程度的不断提高，这一时期，我国服务贸易得到更加高速的发展。然而，中国的服务贸易长期逆差的状态没有改变，且逆差额逐年增大，服务贸易逆差由 1997 年的 32 亿美元增加到2009 年的296 亿美元，增长了 8.25 倍，2009 年逆差扩大至 296亿美元的历史最高水平。

从行业来看，受 2008 年金融危机的影响，逆差主要集中在运输、金融、保险、专有权利使用费和特许费四个行业（见图 3－3），这四个行业的贸易逆差总额达到 332.7 亿美元。贸易差额的结构不合理，旅游成为服务贸易顺差过大的项目，排在服务贸易逆差项目前三位的分别是运输服务、保险服务及专有权利使用费和特许费服务，除了传统的运输服务外，以现代服务业为代表的金融服务、保险服务、专有权利使用费和特许费服务呈现出贸易

逆差，而且金融服务和保险服务贸易逆差有不断扩大的趋势。这些以知识密集型、技术密集型为特征的高附加值领域的竞争力不强，反映出我国现代服务业处于相对弱势状态，从而导致我国服务贸易结构不合理。

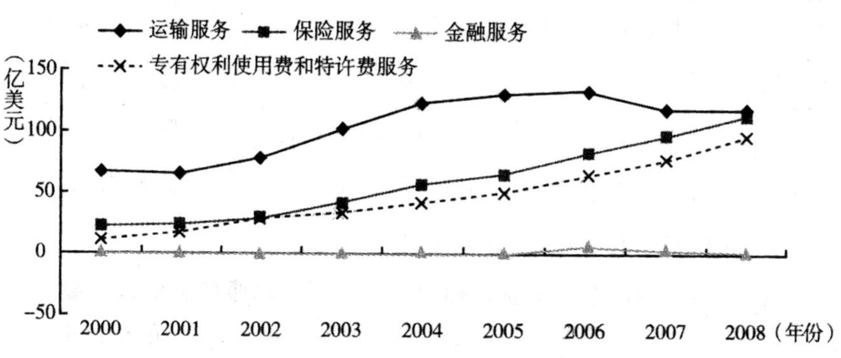


**图 3－3　2000～2008 年中国服务贸易逆差部门**

资料来源：根据联合国服务贸易数据库数据，利用 EXCEL 表绘制。

从图 3－4 中可以看出，到 2008 年，中国旅游服务和其他商业服务的顺差有较大幅度的回落，而通信服务、建筑服务、计算机与信息服务的顺差呈现出加速上涨的势头。

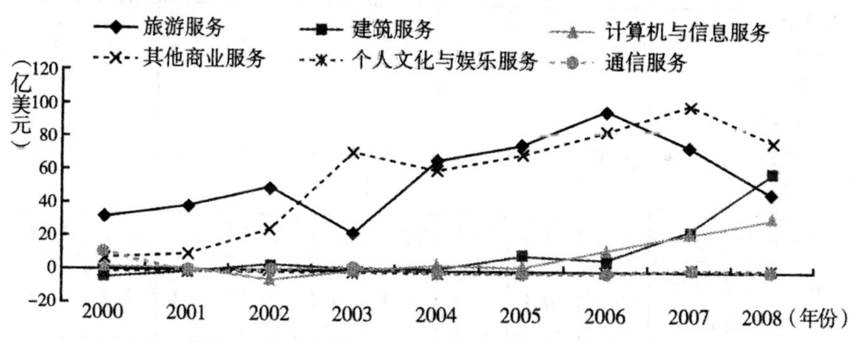


**图 3－4　2000～2008 年中国服务贸易顺差部门**

资料来源：根据联合国服务贸易数据库数据，利用 EXCEL 表绘制。

3. 中国服务贸易的结构不合理，但在逐步改善

传统的运输和旅游服务贸易额占服务贸易进出口的比重逐步减小，由2000 年的 65.4% 下降到 2008 年的 54.2%。随着我国货物贸易的飞速发展，对海运、航运的需求增加，运输成本提高，运输行业贸易额的占比呈上升趋势，由 2000 年的 21.2% 上升到 2008 年的 29.0%。以保险服务、计算机与信息服务、咨询服务、广告宣传服务为代表的高附加值服务行业在服务贸易总额中的占比略有上升，而高附加值服务行业中的通信服务和金融服务的占比较低且没有太大变化（见表 3-2）。

**表 3-2　中国各服务贸易部门进出口额占总服务贸易额比重**

单位：%

| 项目＼年份 | 2000 | 2001 | 2002 | 2003 | 2004 | 2005 | 2006 | 2007 | 2008 |
|---|---|---|---|---|---|---|---|---|---|
| 1. 运输服务 | 21.2 | 22.0 | 22.4 | 25.6 | 27.2 | 27.7 | 28.7 | 29.6 | 29.0 |
| 2. 旅游服务 | 44.2 | 43.7 | 41.5 | 31.9 | 33.4 | 32.3 | 30.2 | 26.6 | 25.2 |
| 3. 通信服务 | 2.4 | 0.8 | 1.2 | 1.0 | 0.7 | 0.7 | 0.8 | 0.9 | 1.0 |
| 4. 建筑服务 | 2.4 | 2.3 | 2.6 | 2.4 | 2.1 | 2.7 | 2.5 | 3.3 | 4.8 |
| 5. 保险服务 | 3.9 | 4.0 | 4.0 | 4.8 | 4.8 | 4.9 | 4.9 | 4.6 | 4.6 |
| 6. 金融服务 | 0.3 | 0.2 | 0.2 | 0.4 | 0.2 | 0.2 | 0.5 | 0.3 | 0.3 |
| 7. 计算机与信息服务 | 0.9 | 1.1 | 2.1 | 2.1 | 2.1 | 2.2 | 2.4 | 2.6 | 3.1 |
| 8. 专有权利使用费和特许费服务 | 2.0 | 2.8 | 3.8 | 3.6 | 3.5 | 3.5 | 3.5 | 3.4 | 3.6 |
| 9. 其他商业服务 | 22.0 | 22.0 | 21.3 | 27.2 | 25.2 | 25.0 | 25.7 | 28.1 | 27.8 |
| 10. 个人文化与娱乐服务 | 0.1 | 0.1 | 0.1 | 0.1 | 0.2 | 0.2 | 0.1 | 0.2 | 0.2 |
| 11. 政府服务 | 0.7 | 0.9 | 0.9 | 0.8 | 0.7 | 0.7 | 0.6 | 0.6 | 0.5 |

资料来源：根据联合国服务贸易数据库数据计算而得。

### （二）日本服务贸易发展状况

1. 日本服务贸易规模大，但增速较慢

日本的服务贸易发展规模一直位于世界前5位，但是其增长速度并不快，1982～2009年，日本服务贸易总额由565.7亿美元增长到2771亿美元，增长了3.9倍，年均增长率为5.8%，低于同期全球服务贸易进出口总额年均增长率（7.9%）。1997年东亚金融危机后，日本服务业特别是金融业受到严重冲击，1998年服务贸易进出口均出现负增长。此后，随着经济的复苏，日本服务业贸易虽然实现了一定的增长，但1998～2009年，服务贸易增长速度只有3.9%，服务贸易的发展严重滞缓，不仅低于全球服务贸易年均增长率，更远远低于中国16%的服务贸易年均增长率。此外，日本服务业占GDP的比重达到70%左右，服务业在国民经济中发挥着增加就业、推动经济增长的重要作用，而服务贸易只占GDP的5%～6%的现实状况与日本服务业在国民经济中的主要地位完全不相匹配。

2. 整体服务贸易一直呈现逆差，但差额逐年下降

日本服务贸易从1982年开始就一直处于贸易逆差状态。近年来，特别是从2000年开始，服务贸易逆差总额一直处于不断下降的态势，从2000年的476亿美元减少到2009年的204亿美元，可见日本服务贸易出口增长速度快于服务贸易进口增长速度，在一定程度上也反映出服务贸易部门竞争力正在逐渐加强。

从具体的服务贸易部门来看，旅游服务、运输服务、通信服务、保险服务、计算机与信息服务、个人文化与娱乐服务都呈现出服务贸易逆差（见图3－5），这些服务贸易逆差部门的

贸易量占整个服务贸易总额的48.2%。其中，旅游服务贸易部门成为日本第一大服务贸易逆差部门，2003年日本政府开始实施“观光立国”的旅游兴国战略，期望通过旅游业振兴拉动经济增长点，在2007又制定了《观光立国推进基本计划》，并提出了“文化观光”的概念。日本政府在旅游观光基础设施的建设和资金方面加大投入力度，旨在打造一个旅游观光大国。因此，日本的旅游贸易出口增长较快，使得旅游业服务贸易逆差呈现出逐步下降的趋势。日本运输服务贸易部门为第二大贸易逆差部门，逆差额处于不断波动中，从2005年开始又出现逐年上升的态势。

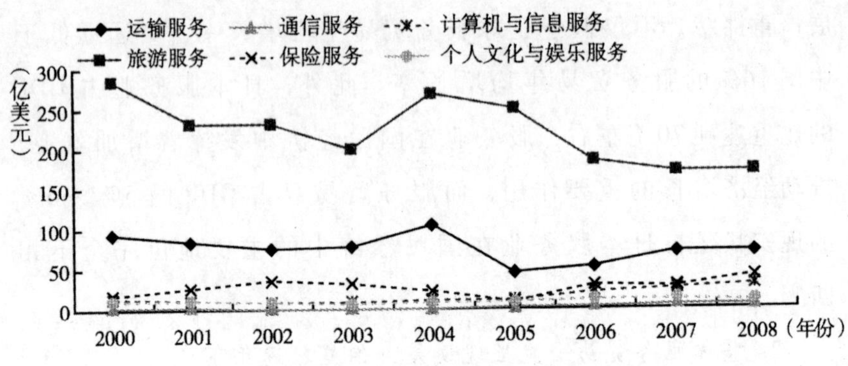


**图3-5 日本服务贸易逆差部门**

资料来源：根据联合国服务贸易数据库数据，利用EXCEL表绘制。

实现服务贸易顺差的部门主要有建筑服务、金融服务、专有权利使用费和特许费服务、其他商业服务、政府服务（见图3-6），服务贸易顺差部门的贸易量占服务贸易总额的51.8%。其中，专有权利使用费和特许费服务部门成为贸易顺差的最大来源部门，其他商业服务部门也从2000年的贸易逆差逐渐转变为贸易顺差。

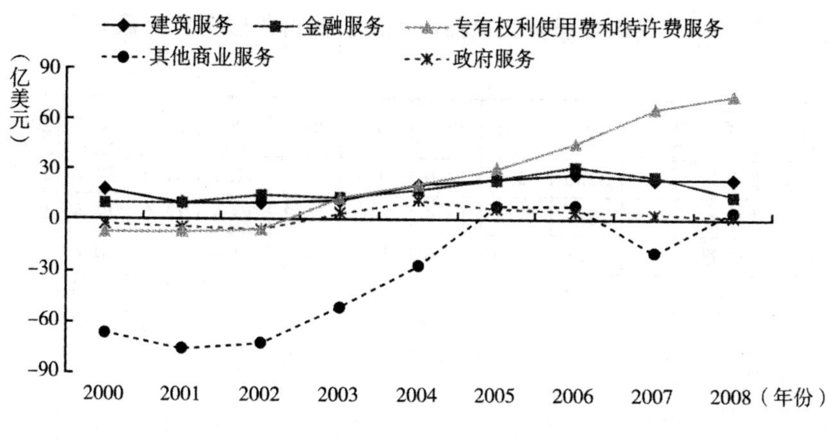


**图 3－6　日本服务贸易顺差部门**

资料来源：根据联合国服务贸易数据库数据，利用 EXCEL 表绘制。

3. 日本服务贸易结构趋于合理

20 世纪 80 年代以来，世界服务贸易结构发生了重大的变化，逐渐由传统服务贸易向新兴服务贸易倾斜，运输服务和旅游服务占世界服务贸易的比重由 1980 年的 65.2% 下降到 2008 年的43.9%，以金融服务、保险服务、通信服务、计算机与信息服务、专有权利使用费和特许费服务为代表的新兴服务贸易所占比重则由 1980 年的 34.8% 上升到 2008 年的 50.7%。

从表 3－3 中可发现日本传统服务贸易部门运输服务和旅游服务从 2000 年的 51.5% 下降到 2008 年的 43.9%，其他新兴服务贸易部门则由 2000 年的 48.5% 上升到 2008 年的 56.1%，高于世界平均水平近 6 个百分点。从整体来看，日本服务贸易结构顺应了世界服务贸易结构的转变趋势，传统部门和新兴部门的占比分配合理，代表高技术、高附加值的服务业贸易的比重日趋扩大。

**表3－3 日本各服务贸易部门进出口额占总服务贸易额比重**

单位：%

| 项目 \ 年份 | 2000 | 2001 | 2002 | 2003 | 2004 | 2005 | 2006 | 2007 | 2008 |
|---|---|---|---|---|---|---|---|---|---|
| 1. 运输服务 | 32.6 | 32.6 | 32.0 | 32.1 | 32.1 | 31.1 | 31.8 | 32.6 | 31.7 |
| 2. 旅游服务 | 18.9 | 17.3 | 17.4 | 20.0 | 21.2 | 20.5 | 14.0 | 12.8 | 12.2 |
| 3. 通信服务 | 1.1 | 1.0 | 1.0 | 0.8 | 0.5 | 0.4 | 0.5 | 0.6 | 0.5 |
| 4. 建筑服务 | 5.3 | 5.0 | 4.7 | 4.2 | 5.0 | 4.9 | 6.0 | 6.5 | 7.9 |
| 5. 保险服务 | 1.2 | 1.5 | 1.6 | 2.1 | 1.9 | 1.1 | 2.4 | 2.0 | 1.9 |
| 6. 金融服务 | 2.6 | 2.5 | 2.7 | 3.0 | 3.0 | 3.2 | 3.6 | 3.5 | 3.0 |
| 7. 计算机与信息服务 | 2.5 | 2.3 | 1.9 | 1.7 | 1.4 | 1.5 | 1.6 | 1.6 | 1.5 |
| 8. 专有权利使用费和特许费服务 | 11.4 | 12.5 | 12.3 | 12.3 | 12.6 | 13.2 | 14.1 | 14.3 | 13.8 |
| 9. 其他商业服务 | 22.6 | 23.2 | 24.3 | 21.8 | 20.0 | 22.0 | 23.9 | 24.2 | 25.7 |
| 10. 个人文化与娱乐服务 | 0.7 | 0.9 | 0.9 | 0.6 | 0.5 | 0.5 | 0.6 | 0.5 | 0.4 |
| 11. 政府服务 | 1.1 | 1.2 | 1.2 | 1.6 | 1.8 | 1.6 | 1.5 | 1.3 | 1.4 |

资料来源：根据联合国服务贸易数据库数据计算而得。

### （三）韩国服务贸易发展状况

1. 韩国服务贸易发展速度较快

韩国服务贸易处于中等规模，但服务贸易增长速度较快，服务贸易额从1982年的69.9亿元增加到2008年的1869.1亿元，增长了25.7倍，其年均增长速度为12.9%，高于同期全球服务贸易总额年均增长率。1997年东南亚金融危机使韩国的服务贸易遭受打击，贸易额大幅下降。经过两年的经济复苏，服务贸易重启高速增长的局面，1998～2008年，服务贸易出口额年均增长率为12.1%，服务贸易进口额增长率为13.2%，进口增长速度稍快于出口增长速度，其国际市场占有率在第13～15位波动。此外，韩国服务业总额占GDP的比重为60%，其服务贸易额占

GDP的比重从1982年的9.17%上升到2008年的18.16%，远高于中国的7.07%和日本的5.5%。可见韩国服务业和服务贸易在韩国经济中发挥着极为重要的作用。

2. 韩国服务贸易逆差额呈不断扩大趋势

韩国服务贸易从1990年开始一直处于贸易逆差状态，且贸易逆差额呈现逐年扩大的趋势。服务贸易逆差额主要来自旅游服务、通信服务、保险服务、计算机与信息服务、专有权利使用费和特许费服务、其他商业服务、个人文化与娱乐服务。其中，旅游服务部门和其他商业服务部门成为贸易逆差最大的两个部门（见图3－7）。

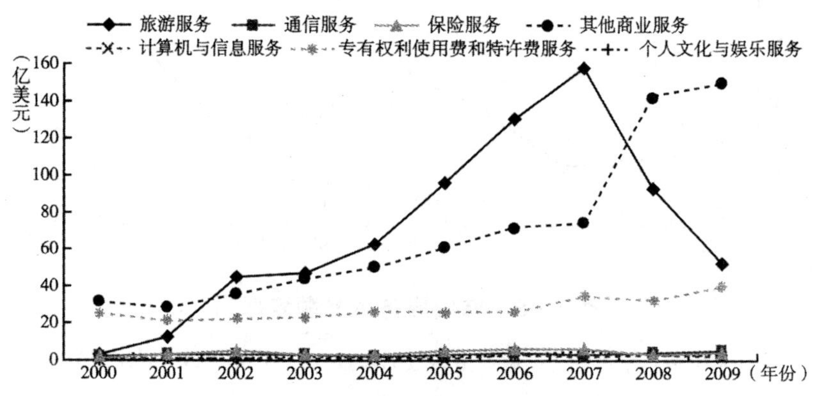


**图3－7　韩国服务贸易逆差部门**

资料来源：根据联合国服务贸易数据库数据，利用EXCEL表绘制。

为了改善旅游业服务收支逆差，韩国政府出台了大量的政策措施扶持旅游业的发展，通过减免税收、打造国际品牌、实施旅游业与文化内涵相结合的“韩流”文化型旅游产业战略，韩国政府主导下的旅游业出口得到快速发展，旅游业的贸易逆差也得到改善。2005～2007年，旅游业贸易逆差占服务贸易逆差的比重分别为48%、53%、56%，但2008年后旅游业服务贸易逆差急剧下降，2008年占比为33%，2009年为20%。而其他商业服务的贸易逆差呈现不断增长的趋势，其占服务贸易逆差总额的比重上升到2008 年的 51%，2009 年上升至 64%，可见韩国其他商业服务的需求和支出日益增强。

在韩国服务贸易顺差的来源构成中，主要有运输服务、金融服务、建筑服务、政府服务。其中，运输业贸易顺差呈折叠上升的状态，运输服务部门是服务贸易的第一大贸易部门，也是服务贸易第一大顺差来源（见图 3－8）。

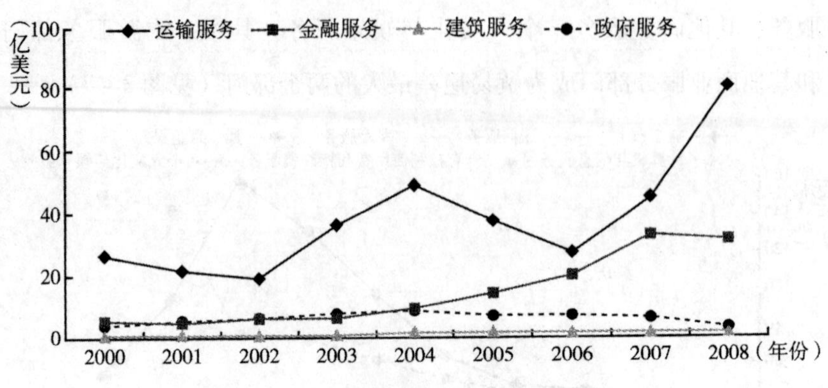


**图 3－8　韩国服务贸易顺差部门**

资料来源：根据联合国服务贸易数据库数据，利用 EXCEL 表绘制。

3. 服务贸易各部门发展不平衡

韩国服务贸易结构中，以运输和旅游为代表的传统服务贸易所占的比例达到 60% 左右，而且从 2000 年以来一直保持较为稳定的占比，远高于世界平均水平。这主要是由于运输业在韩国占有重要的地位，其贸易总额占比逐年增加，是服务贸易中最大的贸易部门。韩国运输服务已具备了一定的国际比较优势，跨入世界先进行列，其航空货运排在世界第五位，集装箱运输量、商船数量都排在世界前十位，其优势使得运输服务的出口占韩国服务贸易出口的50%，成为改善服务贸易逆差的重要部门。旅游服务贸易在所有贸易部门中所占的比重位居第三，但表现出下降的趋势。

在新兴服务贸易部门中，其他商业服务、专有权利使用费和特许费服务、金融服务所占比重较大，而且金融服务贸易比重总体呈现不断上升的趋势，而专有权利使用费和特许费服务贸易比重总体则在下降（见表3－4）。

**表3－4　韩国各服务贸易部门进出口额占总服务贸易额比重**

单位：%

| 项目＼年份 | 2000 | 2001 | 2002 | 2003 | 2004 | 2005 | 2006 | 2007 | 2008 |
|---|---|---|---|---|---|---|---|---|---|
| 1. 运输服务 | 38.7 | 39.1 | 37.7 | 42.0 | 43.8 | 42.4 | 41.2 | 42.8 | 47.7 |
| 2. 旅游服务 | 21.9 | 22.6 | 25.2 | 21.1 | 20.1 | 20.4 | 20.7 | 19.2 | 16.9 |
| 3. 通信服务 | 1.6 | 1.8 | 1.6 | 1.4 | 1.2 | 1.2 | 1.4 | 1.0 | 1.1 |
| 4. 建筑服务 | 0.1 | 0.2 | 0.1 | 0.1 | 0.1 | 0.1 | 0.1 | 0.1 | 0.2 |
| 5. 保险服务 | 0.3 | 0.7 | 0.9 | 0.6 | 0.7 | 0.9 | 0.9 | 1.0 | 0.7 |
| 6. 金融服务 | 1.4 | 1.0 | 1.2 | 1.1 | 1.3 | 1.8 | 2.6 | 3.2 | 2.6 |
| 7. 计算机与信息服务 | 0.2 | 0.2 | 0.2 | 0.2 | 0.2 | 0.2 | 0.7 | 0.6 | 0.5 |
| 8. 专有权利使用费和特许费服务 | 6.1 | 6.4 | 5.9 | 6.7 | 6.9 | 6.2 | 5.6 | 4.7 | 4.7 |
| 9. 其他商业服务 | 27.4 | 25.2 | 24.0 | 24.2 | 23.2 | 24.0 | 23.8 | 24.7 | 23.5 |
| 10. 个人文化与娱乐服务 | 0.5 | 0.6 | 0.7 | 0.5 | 0.5 | 0.7 | 0.9 | 0.9 | 0.8 |
| 11. 政府服务 | 1.9 | 2.3 | 2.3 | 2.3 | 2.1 | 2.1 | 2.0 | 1.8 | 1.3 |

资料来源：根据联合国服务贸易数据库数据计算而得。

## 三　中日韩双边服务贸易往来状况

### （一）中日双边服务贸易状况

中国加入WTO以后，中日双边服务贸易得到迅速发展，服务贸易额增长较快，日本已成为继中国香港、美国、欧盟之后中国的第四大服务贸易伙伴，一直占据中国服务贸易市场的前五位，具有巨大的发展潜力。2008 年中国和日本双边服务贸易额达到 287. 18 亿美元，占中国服务贸易总额的 9. 4%。2008 年中国对日本的服务贸易出口额为 159. 77 亿美元，比 2000 年增长了近 3 倍，年均增长率达 18. 5%；2008年中国对日本服务贸易进口额为 127. 41 亿美元，相比 2000 年增长了 4. 4 倍，年均增长率为 23. 5%（见表 3 - 5 和表 3 - 6）。2000 年中国对日本货物贸易出口额为 416. 5 亿美元，中国对日本的货物贸易进口额为 415. 1 亿美元；2008 年，中国对日本货物贸易出口额和进口额分别为 1186. 07 亿美元和 1591. 33 亿美元。中国对日本货物贸易出口额年均增长率为 14%，中国对日本货物贸易进口额年均增长率为 18. 2%。相比货物贸易而言，中日双边服务贸易额远远小于货物贸易额，但是从增长趋势来看，中国对日本服务贸易进口和出口的年均增长率都高于货物贸易进出口的年均增长额。由此可以看出中日服务贸易发展存在巨大潜力，为两国加强服务贸易合作提供了有效基础。

**表 3 - 5　2000 ~ 2008 年中日双边服务贸易额**

单位：亿美元

| 项目＼年份 | 2000 | 2001 | 2002 | 2003 | 2004 | 2005 | 2006 | 2007 | 2008 |
|---|---|---|---|---|---|---|---|---|---|
| 中国从日本进口 | 23. 56 | 23. 43 | 27. 47 | 41. 39 | 64. 37 | 70. 52 | 75. 72 | 132. 5 | 127. 41 |
| 中国对日本出口 | 41. 13 | 38. 94 | 42. 51 | 47. 67 | 65. 21 | 79. 97 | 71. 02 | 105. 7 | 159. 77 |

资料来源：中国服务贸易指南网数据库。

**表 3 - 6　2001 ~ 2008 年中国对日本服务贸易进出口额增长率**

单位：%

| 项目＼年份 | 2001 | 2002 | 2003 | 2004 | 2005 | 2006 | 2007 | 2008 | 年均增长率 |
|---|---|---|---|---|---|---|---|---|---|
| 从日进口 | - 0. 22 | 17. 62 | 50. 30 | 55. 34 | 9. 70 | 7. 26 | 74. 98 | - 0. 04 | 23. 5 |
| 对日出口 | - 5. 28 | 9. 40 | 11. 72 | 37. 10 | 20. 73 | - 11. 19 | 48. 83 | 51. 15 | 18. 5 |

资料来源：根据中国服务贸易指南网数据库计算而得。

### （二）中韩双边服务贸易状况

中韩双边服务贸易额同样呈现出强劲的发展态势，其双边服务贸易额年均增长率甚至高于中日服务贸易额年均增长率。2008年中国和韩国双边服务贸易额达到232.72亿美元，占中国服务贸易总额的7.7%。2008年中国对韩国的服务贸易出口额为106.01亿美元，比2000年增长了近3.6倍，年均增长率达到21.0%；2008年中国对韩国服务贸易进口额为126.71亿美元，相比2000增长了5.5倍，年均增长率为26.4%（见表3－7和表3－8）。2000年中国对韩国货物贸易出口额为112.92亿美元，中国来自韩国的货物贸易进口额为232.07亿美元；2008年，中国对韩国货物贸易出口额和进口额分别为739.32亿美元和1121.37亿美元。中国对韩国货物贸易出口额年均增长率为26.5%，进口额年均增长率为21.8%。相比货物贸易而言，中韩双边服务贸易额远远小于货物贸易额，但是从增长趋势来看，中国对韩国服务贸易进口年均增长率要高于货物贸易，出口的年均增长率要低于货物贸易。2000～2006年，韩国对中国的服务贸易一直保持着贸易逆差，从2007年开始，韩国对中国的服务贸易转变为贸易顺差，可见韩国对中国的服务贸易出口增加得更快，在一定程度上表现出中国为韩国的服务贸易提供了较大的市场，韩国服务贸易对中国服务贸易市场的依赖性开始增强。

**表3－7　2000～2008年中韩双边服务贸易额**

单位：亿美元

| 项目＼年份 | 2000 | 2001 | 2002 | 2003 | 2004 | 2005 | 2006 | 2007 | 2008 |
|---|---|---|---|---|---|---|---|---|---|
| 中国从韩国进口 | 19.48 | 21.54 | 25.14 | 36.38 | 50.27 | 57.24 | 67.25 | 89.74 | 126.71 |
| 中国对韩国出口 | 23.07 | 24.32 | 35.13 | 37.62 | 49.59 | 64.02 | 75.77 | 89.51 | 106.01 |

资料来源：OECD服务贸易统计数据库。

**表 3-8　2001~2008 年中国对韩国服务贸易进出口额增长率**

单位：%

| 项目＼年份 | 2001 | 2002 | 2003 | 2004 | 2005 | 2006 | 2007 | 2008 | 年均增长率 |
|---|---|---|---|---|---|---|---|---|---|
| 从韩进口 | 0.11 | 0.17 | 0.45 | 0.38 | 0.14 | 0.17 | 0.33 | 0.41 | 26.4 |
| 对韩出口 | 0.05 | 0.44 | 0.07 | 0.32 | 0.29 | 0.18 | 0.18 | 0.18 | 21.0 |

资料来源：根据 OECD 服务贸易统计数据库计算而得。

### （三）韩日双边服务贸易状况

从韩国和日本双边服务贸易的发展历程来看，在早期，韩日之间的服务贸易往来是比较活跃的，其服务贸易额也远大于中日、中韩之间的服务贸易额。但是韩日之间的服务贸易增长速度缓慢，贸易额在波动中保持着中等规模，没有中韩、中日服务贸易发展中持续强劲快速增长的势头，特别是从 2007 年开始，中韩、中日之间的服务贸易额已经超越韩日双边服务贸易额。2008 年，韩日双边服务贸易额为 194.38 亿美元，占韩国服务贸易总额的11.5%，占日本服务贸易总额的6.1%。2000~2008 年，韩国对日本服务贸易进口额增长了 0.79 倍，年均增长率为 7.5%；韩国对日本服务贸易出口额增长了 0.3 倍，年均增长率为 3.4%，其进口额和出口额的年均增长率要远低于中日、中韩之间的服务贸易年均增长速度（见表 3-9 和表 3-10）。从贸易逆差来看，韩国从 2000~2004. 年以及 2007 年对日本保持着服务贸易顺差，在 2005 年、2006 年、2008 年出现对日本服务贸易的逆差状态，这一状况反映出韩国对日本的服务贸易顺差已逐步转变为贸易逆差，也反映了韩国在逐步加大对日本服务贸易的需求和支出。

**表 3-9　2000~2008 年韩日双边服务贸易额**

单位：亿美元

| 项目＼年份 | 2000 | 2001 | 2002 | 2003 | 2004 | 2005 | 2006 | 2007 | 2008 |
|---|---|---|---|---|---|---|---|---|---|
| 韩国从日本进口 | 55. 31 | 43. 03 | 46. 13 | 50. 36 | 64. 16 | 73. 70 | 83. 45 | 50. 36 | 99. 19 |
| 韩国对日本出口 | 73. 13 | 61. 75 | 52. 07 | 52. 47 | 67. 23 | 66. 34 | 64. 74 | 67. 46 | 95. 19 |

资料来源：OECD 服务贸易统计数据库。

**表 3-10　2001~2008 年韩国对日本服务贸易进出口额增长率**

单位：%

| 项目＼年份 | 2001 | 2002 | 2003 | 2004 | 2005 | 2006 | 2007 | 2008 | 年均增长率 |
|---|---|---|---|---|---|---|---|---|---|
| 对日进口 | -0. 222 | 0. 072 | 0. 092 | 0. 274 | 0. 149 | 0. 132 | -0. 396 | 0. 969 | 7. 5 |
| 对日出口 | -0. 156 | -0. 157 | 0. 008 | 0. 281 | -0. 013 | -0. 024 | 0. 042 | 0. 411 | 3. 4 |

资料来源：根据 OECD 服务贸易统计数据库计算而得。

## 第二节　中日韩服务业产业内贸易水平

### 一　服务业产业内贸易测度指标

对产业内贸易水平的测度一般采用较为广泛使用的 GL 指数和 MIIT 指数，GL 指数是由 Grubel 和 Lloyd（1975）研究开发的，这个指数反映的是产业内贸易的静态水平。由于 GL 指数的缺陷性，Brülhart（1994）提出一个 MIIT 指数，这个指数可以反映产业内贸易水平的短期动态变化情况，因此，利用这两个指数进行测度可以综合反映产业内贸易水平的发展情况。在此，笔者将产业内贸易水平的测度指数运用于对服务贸易部门产业内贸易情况的研究。首先，对我国服务贸易部门的产业内贸易静态 GL 指数进行测度。其公式表达如下。

$$GL_i = 1 - \frac{|X_i - M_i|}{X_i + M_i} \qquad (3-1)$$

$GL_i$ 代表 $i$ 服务贸易部门的产业内贸易指数，其核心公式主要通过出口额减去进口额的绝对值与贸易总额之比来反映。当服务贸易进出口额越接近时，表明一国 $i$ 服务贸易部门的产业内贸易水平越高，用 1 去减这个比值主要方便识别。（3－1）式中 $X_i$ 和 $M_i$ 分别代表 $i$ 部门服务贸易出口额和进口额。$GL_i$ 的取值范围为：$0 \leq GL_i \leq 1$。产业内贸易水平越高，其值越接近于 1；当该部门的进口额和出口额相差较大时，表明 $i$ 部门的产业内贸易水平越低，其值也越接近于 0。

如果要获得一国服务贸易部门的整体产业内贸易水平，可以将每个服务贸易部门进出口额占服务贸易总额的比重作为权重，然后对所有部门的 $GL_i$ 指数进行加权平均，其公式表达如下。

$$GL_w = \sum_{i=1}^{n} \frac{X_i + M_i}{X + M} GL_i \qquad (3-2)$$

$GL_w$ 表示一国服务贸易的整体产业内贸易水平，$i$ 表示的是服务贸易部门，$\frac{X_i + M_i}{X + M}$ 表示 $i$ 部门的权重，通过计算得出的 $GL_w$ 越大，表明产业内贸易水平越高，$GL_w$ 越小，表示产业内贸易水平越低。

GL 指数具有一定的局限性，因为它无法测定产业内贸易的发展变化过程，也就是说，即使出口额 $X_i$ 和进口额 $M_i$ 每年都发生变化，如果他们变大或变小的增量几乎相同，那么 $|X_i - M_i|$ 是不变的，得出的结论是产业内贸易水平没有变化。但事实上，进口额和出口额的增长却很好地反应了产业内贸易水平的加强。因此，Brülhart（1994）提出用由进出口增量计算而得的 MIIT 动态产业内贸易指数来弥补 GL 指数在这方面的不足。其公式为：

$$MIIT = 1 - \frac{|\Delta X_i - \Delta M_i|}{|\Delta X_i| + |\Delta M|} \qquad (3-3)$$

为了反映产业内贸易的动态变化过程，需要利用服务部门的进出口变化量来进行计算，（3－3）式中的 $\Delta X_i$ 、$\Delta M_i$ 表示某服务部门进口和出口的差分，MIIT 的取值范围在（0，1）之间，当取值为 0 时代表服务贸易完全是产业内贸易，取值为 1 时代表服务贸易完全是产业间贸易。但 MIIT 动态产业内贸易指数同样有其局限性，它不能对反映服务贸易范围和服务贸易质量的水平型与垂直型产业内贸易进行区分。因此，Thom 和 Medowell（1999）在 MIIT 指标基础上又提出了水平型、垂直型产业内贸易指数及边际总产业内贸易指数的测算方法，公式如下。

①水平型产业内贸易指数。

$$HIIT = \sum_{i=1}^{n} \left| \left| \frac{|\Delta X_i| + |\Delta M_i|}{\sum_{i=1}^{n} |\Delta X_i| + \sum_{i=1}^{n} |\Delta M_i|} \right| (1 - MIIT_i) \right| \qquad (3-4)$$

②边际总产业内贸易指数。

$$A_j = 1 - \frac{|\Delta X_j + \Delta M_j|}{\sum_{i=1}^{n} |\Delta X_i| + \sum_{i=1}^{n} |\Delta M_i|}, (X_j = \sum_{i=1}^{n} X_i, M_j = \sum_{i=1}^{n} M_i) \qquad (3-5)$$

③垂直型产业内贸易指数。

$$VIIT = A_j - HIIT \qquad (3-6)$$

$A_j$ 是衡量整个产业的产业内贸易水平的另一种形式，包括 $VIIT$ 和 $HIIT$ ，因此只需计算出三者中的两项，另外一项就可得出，而产业间贸易则是 $IT = 1 - A_j$ 。在服务贸易中，$HIIT$ 主要指的是服务范围差异，而 *VIIT* 指的是服务质量差异。本书主要采用静态 GL和动态 MIIT 产业内贸易指数对中日韩之间服务贸易进行测度。

## 二　中日产业内服务贸易水平

### （一）静态产业内服务贸易 GL 指数

利用以上所介绍的产业内贸易测算体系对中日服务贸易往来数据进行计算可得以下结果。

表3－11的静态测算结果表明，从总体上看，中日整体服务部门的产业内贸易 GL 指数由 2000 年的 0.595 增长到 2008 年的 0.741，产业内贸易水平有逐年增长的趋势，且年平均值为 0.673，表现出中日服务贸易部门产业内的贸易程度较高。因此就服务贸易整体而言，中日间的双边服务贸易呈现出以产业内贸易为主的形态。按照各国国际收支平衡表对服务贸易统计所采用的国际货币基金组织服务贸易部门分类标准，服务贸易部门分为 11 大类（本书分析不包含政府服务），通过各部门计算得出的 GL 指数发现，计算机与信息服务、专有权利使用费和特许费服务、个人文化与娱乐服务部门的 GL 指数较低，呈现出明显的产业间贸易特点，其他服务部门的产业内贸易水平都较高，基本都在 0.6 以上。特别是运输服务的产业内贸易水平最为发达，平均 GL 指数达到 0.875，其主要原因在于中日双边货物贸易的发展带动了运输服务的产业内贸易发展水平，中日旅游业的产业内贸易水平也得到了高速的发展。中日双边旅游开放和振兴政策促进了两国的旅游合作和旅游贸易，特别是日本对中国旅游出口的增加，以往的贸易逆差逐步缩小，GL 指数也从 2000 年的 0.272 增长到 2008 年的 0.999，产业内贸易程度明显增加。

**表 3－11　中国和日本的产业内服务贸易 GL 指数（2000～2008 年）**

| GL 指数 | 2000 年 | 2001 年 | 2002 年 | 2003 年 | 2004 年 | 2005 年 | 2006 年 | 2007 年 | 2008 年 | 平均 |
|---|---|---|---|---|---|---|---|---|---|---|
| 整体服务贸易部门 | 0.595 | 0.596 | 0.580 | 0.613 | 0.674 | 0.659 | 0.819 | 0.777 | 0.741 | 0.673 |
| 运输服务 | 0.967 | 0.978 | 0.918 | 0.718 | 0.763 | 0.906 | 0.946 | 0.887 | 0.797 | 0.875 |
| 旅游服务 | 0.272 | 0.334 | 0.324 | 0.545 | 0.609 | 0.448 | 0.985 | 0.961 | 0.999 | 0.609 |
| 通信服务 | 0.581 | 0.663 | 0.758 | 0.774 | 0.740 | 0.875 | 0.779 | 0.827 | 0.949 | 0.772 |
| 建筑服务 | 0.343 | 0.649 | 0.456 | 0.624 | 0.719 | 0.825 | 0.660 | 0.670 | 0.804 | 0.694 |
| 保险服务 | 0.383 | 0.373 | 0.485 | 0.770 | 0.978 | 0.633 | 0.626 | 0.595 | 0.569 | 0.601 |
| 金融服务 | 0.455 | 0.545 | 0.833 | 0.640 | 0.710 | 0.526 | 0.609 | 0.317 | 0.585 | 0.580 |
| 计算机与信息服务 | 0.277 | 0.138 | 0.211 | 0.302 | 0.288 | 0.254 | 0.212 | 0.191 | 0.114 | 0.221 |
| 专有权利使用费和特许费服务 | 0.102 | 0.108 | 0.104 | 0.057 | 0.043 | 0.034 | 0.046 | 0.021 | 0.021 | 0.060 |
| 其他商业服务 | 0.674 | 0.520 | 0.648 | 0.779 | 0.855 | 0.804 | 0.685 | 0.828 | 0.940 | 0.748 |
| 个人文化与娱乐服务 | 0.250 | 0.167 | 0.500 | 0.000 | 0.800 | 0.000 | 0.154 | 0.286 | 0.400 | 0.284 |

资料来源：根据 OECD 服务贸易统计数据库数据，通过 GL 指数公式计算而得。

对于建筑服务贸易部门，其平均 GL 指数仅低于运输部门和通信部门,也呈现出较高的产业内贸易水平，其主要原因在于两国的建筑业都比较发达，对建筑服务的需求较大，特别是日本的建筑服务进出口额排在世界前五位。在金融和保险服务业方面，自中国 2001 年加入 WTO 以来，两国间的产业内贸易水平都有不同程度的加强，主要归因于中国金融业和保险业的开放程度的提高，此外中日之间货物贸易的快速发展使得为其提供润滑剂作用的金融服务呈现出不断深化的产业内贸易水平。除此之外，中日两国在计算机与信息服务、专有权利使用费和特许费服务、个人文化与娱乐服务方面都呈现出明显的产业间贸易水平。从计算机与信息服务来看，日本对软件服务的需求较大，其主要通过软件外包来满足国内的需求，同时由于中国的地缘优势和语言优势以及计算机与信息服务方面积累的竞争优势，中国成为日本软件离岸外包的最大承接国,因此两国在该部门表现出产业间贸易水平。在专有权利使用费和特许费服务方面，日本在知识产权领域具有较强的竞争优势，在国际贸易中通过转让和许可证等方式出口，我国企业对技术引进的依赖较强，因此技术进口的支出也大，从而反映出两国产业间贸易状况。在个人文化与娱乐方面，出于国家文化意识形态和文化安全的考虑，中国在 WTO 所做的开放承诺较低，日本对中国的文化娱乐出口远小于从中国的进口，因此也表现出产业间贸易方式。

### （二）中日动态产业内贸易 MIIT 指数

从中日服务贸易各部门的边际产业内贸易 MIIT 平均指数来看，各部门并没有显示出明显的产业内贸易倾向，其平均值都在 0.5 以下（见表3－12）。比较各部门的 MIIT 指数大小，可以发现，各部门中 MIIT 指数较大的有运输服务、旅游服务、建筑服务，比其他部门产业内贸易水平要高，这和GL指数反映的结果一致。从动态发展来

**表 3－12 中国和日本的产业内服务贸易 MITT 指数（2000～2008 年）**

| MIIT 指数 | 2000～2001 年 | 2001～2002 年 | 2002～2003 年 | 2003～2004 年 | 2004～2005 年 | 2005～2006 年 | 2006～2007 年 | 2007～2008 年 | 2000～2008 年平均 |
|---|---|---|---|---|---|---|---|---|---|
| 运输服务 | 0. 792 | 0 | 0 | 0. 888 | 0. 713 | 0. 830 | 0. 550 | 0 | 0. 472 |
| 旅游服务 | 0 | 0. 269 | 0. 943 | 0. 748 | 0 | 0 | 0. 716 | 0. 709 | 0. 423 |
| 通信服务 | 0 | 0. 501 | 0. 704 | 0. 515 | 0 | 0 | 0. 912 | 0 | 0. 329 |
| 建筑服务 | 0 | 0 | 0. 870 | 0. 927 | 0. 392 | 0. 956 | 0. 637 | 0 | 0. 473 |
| 保险服务 | 0. 649 | 0 | 0. 215 | 0 | 0. 244 | 0. 568 | 0. 350 | 0 | 0. 253 |
| 金融服务 | 0. 382 | 0 | 0. 486 | 0. 922 | 0 | 0 | 0. 147 | 0 | 0. 242 |
| 计算机与信息服务 | 0 | 0. 863 | 0 | 0. 258 | 0. 205 | 0. 103 | 0. 153 | 0 | 0. 198 |
| 专有权利使用费和特许费服务 | 0. 420 | 0. 086 | 0 | 0. 010 | 0. 005 | 0. 096 | 0 | 0. 025 | 0. 080 |
| 其他商业服务 | 0 | 0. 896 | 0 | 0. 323 | 0. 589 | 0 | 0 | 0 | 0. 226 |
| 个人文化与娱乐服务 | 0 | 0 | 0. 782 | 0 | 0 | 0 | 0. 507 | 0 | 0. 161 |

资料来源：根据 OECD 服务贸易统计数据库数据，通过 MIIT 指数公式计算而得。

看，计算机与信息服务、专有权利使用费和特许费服务、个人文化与娱乐服务的产业内贸易指数都很低，基本处于产业间贸易。

## 三　中韩产业内服务贸易水平

### （一）静态产业内服务贸易 GL 指数

利用以上所介绍的产业内贸易测算体系对中韩服务贸易往来数据进行计算。

由于统计数据的缺失，中韩双边的建筑服务、金融服务、计算机与信息服务、个人文化与娱乐服务无法进行 GL 指数计算。从可统计数据的计算结果中可以看出，对整体服务贸易部门而言，中国和韩国的 GL 平均指数达到 0.499，每年的 GL 指数都在 0.5 左右波动，表明中韩服务部门的产业内贸易达到了一定的发展水平（见表 3－13）。从各个具体的服务部门来看，中国和韩国在运输、旅游、通信服务部门呈现出较强的产业内贸易水平，其平均 GL 指数都超过了 0.5，而专有权利使用费和特许费服务、其他商业服务更多地表现为产业间的贸易活动。

### （二）动态产业内贸易 MIIT 指数

动态产业内服务贸易 MIIT 指数计算结果显示，中韩之间的边际产业内服务贸易的年均 MIIT 指数只有运输服务表现出较强的产业内贸易水平（见表 3－14）。其他部门的年均 MIIT 指数都较低，呈现出明显的产业内贸易状态，和以上 GL 指数结果不同的是，在GL 指数中显示旅游服务、通信服务存在较强的产业内贸易水平，但 MIIT 指数却没有这一反映。这也说明我们不能仅仅通过 GL 指数来判断服务部门的产业内贸易状况，由于服务进口和出口每年会出现不同程度的增减，因此通过 MIIT 动态指数反映出来的情况会和 CL 指数不一致。

**表 3－13　中国和韩国的产业内服务贸易 GL 指数（2000～2008 年）**

| GL 指数 | 2000 年 | 2001 年 | 2002 年 | 2003 年 | 2004 年 | 2005 年 | 2006 年 | 2007 年 | 2008 年 | 平均 |
|---|---|---|---|---|---|---|---|---|---|---|
| 运输服务 | 0.500 | 0.511 | 0.544 | 0.482 | 0.509 | 0.580 | 0.606 | 0.621 | 0.561 | 0.546 |
| 旅游服务 | 0.566 | 0.793 | 0.612 | 0.635 | 0.594 | 0.502 | 0.525 | 0.633 | 0.817 | 0.631 |
| 通信服务 | 0.260 | 0.306 | 0.414 | 0.563 | 0.660 | 0.693 | 0.634 | 0.661 | 0.373 | 0.507 |
| 保险服务 | 0.362 | 0.676 | 0.800 | 0.495 | 0.296 | 0.381 | 0.139 | 0.531 | 0.819 | 0.469 |
| 专有权利使用费和特许费服务 | 0.051 | 0.173 | 0.142 | 0.080 | 0.168 | 0.093 | 0.014 | 0.060 | 0.017 | 0.089 |
| 其他商业服务 | 0.206 | 0.271 | 0.198 | 0.226 | 0.252 | 0.223 | 0.283 | 0.483 | 0.424 | 0.285 |
| 整体服务贸易部门 | 0.438 | 0.565 | 0.501 | 0.465 | 0.459 | 0.467 | 0.482 | 0.574 | 0.538 | 0.499 |

注：由于统计数据库中缺少中韩双边服务贸易的数据，因此无法计算建筑服务、金融服务、计算机与信息服务、个人文化与娱乐服务的 GL 指数。

资料来源：根据 OECD 服务贸易统计数据库数据，通过 GL 指数公式计算而得。

**表 3－14　中国和韩国的产业内服务贸易 MIIT 指数（2000～2008 年）**

| MIIT 指数 | 2000～2001 年 | 2001～2002 年 | 2002～2003 年 | 2003～2004 年 | 2004～2005 年 | 2005～2006 年 | 2006～2007 年 | 2007～2008 年 | 2000～2008 年平均 |
|---|---|---|---|---|---|---|---|---|---|
| 运输服务 | 0.620 | 0.674 | 0.373 | 0.565 | 0.893 | 0.826 | 0.661 | 0.397 | 0.626 |
| 旅游服务 | 0 | 0.203 | 0.438 | 0.111 | 0.129 | 0.659 | 0 | 0 | 0.193 |
| 通信服务 | 0 | 0.029 | 0.667 | 0 | 0.843 | 0.251 | 0.679 | 0.261 | 0.341 |
| 保险服务 | 0 | 0.861 | 0.447 | 0 | 0.137 | 0 | 0.919 | 0 | 0.296 |
| 专有权利使用费和特许费服务 | 0.008 | 0 | 0.053 | 0.290 | 0 | 0 | 0 | 0 | 0.044 |
| 其他商业服务 | 0.507 | 0 | 0.327 | 0.311 | 0.046 | 0.510 | 0.966 | 0.224 | 0.361 |

注：由于统计数据库中缺少中韩双边服务贸易的数据，因此无法计算建筑服务、金融服务、计算机与信息服务、个人文化与娱乐服务的 MIIT 指数。

资料来源：根据 OECD 服务贸易统计数据库数据，通过 MIIT 指数公式计算而得。

## 四　日韩产业内服务贸易水平

### （一）静态产业内服务贸易 GL 指数

利用以上所介绍的产业内贸易测算体系对日韩服务贸易往来数据进行计算。

静态产业内服务贸易 GL 指数显示，从整体来看，日韩之间服务贸易部门的产业内贸易年均 GL 指数达到了 0.771，显示出较强的产业内贸易水平。整体服务贸易部门的 GL 指数从 2000 年的 0.611 增长到 2008 年的 0.957，其产业内贸易程度表现出逐年增加的趋势（见表 3－15）。就具体的服务贸易部门而言，除了建筑服务、专有权利使用费和特许费服务的年均 GL 指数较低，表现出明显的产业间贸易状态外，其他部门都不同程度地显示出较强的产业内贸易水平。

### （二）动态产业内贸易 MIIT 指数

动态产业内服务贸易 MIIT 指数的计算结果显示，日韩之间的边际产业内服务贸易的年均 MIIT 指数只有运输服务表现出较强的产业内贸易水平。其他部门的年均 MIIT 指数都较低，其贸易模式呈现出明显的产业间贸易状态（见表 3－16）。

从静态 GL 指数看，中日、中韩、日韩之间的整体服务贸易模式呈现出较强的产业内贸易水平，其中最强的是日韩之间的产业内服务贸易，GL 年均指数达到 0.771，其次是中国和日本为 0.673，中国和韩国的 GL 指数较低只有 0.499。这也说明了日本和韩国这两个发达经济体，服务贸易的开放程度和发达程度高，使得双边的产业内贸易得以蓬勃发展。从发展趋势来看，日本和韩国之间的产业内服务贸易发展得最迅速，产业内贸易 GL 指数从 2000 年的 0.641 增长到 2008 年的 0.957，其次是中国和

**表 3－15　日本和韩国的产业内服务贸易 GL 指数（2000～2008 年）**

| GL 指数 | 2000 年 | 2001 年 | 2002 年 | 2003 年 | 2004 年 | 2005 年 | 2006 年 | 2007 年 | 2008 年 | 平均 |
|---|---|---|---|---|---|---|---|---|---|---|
| 运输服务 | 0.998 | 0.995 | 0.969 | 0.999 | 0.928 | 0.952 | 0.991 | 0.991 | 0.981 | 0.978 |
| 旅游服务 | 0.218 | 0.264 | 0.294 | 0.647 | 0.601 | 0.772 | 0.746 | 0.812 | 0.802 | 0.573 |
| 通信服务 | 0.951 | 0.735 | 0.717 | 0.632 | 0.718 | 0.635 | 0.667 | 0.710 | 0.803 | 0.730 |
| 建筑服务 | 0.581 | 0.547 | 0.512 | 0.328 | 0.173 | 0.213 | 0.203 | 0.298 | 0.197 | 0.339 |
| 保险服务 | 0.939 | 0.324 | 0.571 | 0.550 | 0.853 | －0.364 | 0.567 | 0.772 | 0.507 | 0.524 |
| 金融服务 | 0.824 | 0.667 | 0.486 | 0.733 | 0.549 | 0.966 | 1.000 | 0.980 | 0.723 | 0.770 |
| 计算机与信息服务 | 0.691 | 0.778 | 0.543 | 0.560 | 0.612 | 0.533 | 0.862 | 0.832 | 0.871 | 0.698 |
| 专有权利使用费和特许费服务 | 0.057 | 0.143 | 0.175 | 0.150 | 0.256 | 0.380 | 0.510 | 0.459 | 0.421 | 0.283 |
| 其他商业服务 | 0.788 | 0.915 | 0.816 | 0.939 | 0.986 | 0.870 | 0.968 | 0.663 | 0.353 | 0.811 |
| 个人文化与娱乐服务 | 0.667 | 0.588 | 0.889 | 1.000 | 0.457 | 0.263 | 0.426 | 0.607 | 0.593 | 0.610 |
| 整体服务贸易部门 | 0.611 | 0.660 | 0.651 | 0.787 | 0.746 | 0.824 | 0.865 | 0.835 | 0.957 | 0.771 |

资料来源：根据 OECD 服务贸易统计数据库数据，通过 GL 指数公式计算而得。

**表 3-16　日本和韩国的产业内服务贸易 MITT 指数（2000~2008 年）**

| MIIT 指数 | 2000~2001 年 | 2001~2002 年 | 2002~2003 年 | 2003~2004 年 | 2004~2005 年 | 2005~2006 年 | 2006~2007 年 | 2007~2008 年 | 2000~2008 年平均 |
|---|---|---|---|---|---|---|---|---|---|
| 运输服务 | 0.972 | 0 | 0 | 0.710 | 0.867 | 0.568 | 0.991 | 0.821 | 0.616 |
| 旅游服务 | 0.001 | 0 | 0.340 | 0.474 | 0 | 0.827 | 0.566 | 0.667 | 0.359 |
| 通信服务 | 0.090 | 0.488 | 0 | 0.394 | 0 | 0.402 | 0.974 | 0.834 | 0.398 |
| 建筑服务 | 0 | 0.399 | 0 | 0 | 0.323 | 0.388 | 0.919 | 0.074 | 0.263 |
| 保险服务 | 0.212 | 0 | 0 | 0.126 | 0.917 | 0.790 | 0 | 0 | 0.256 |
| 金融服务 | 0.612 | 0 | 0 | 0.325 | 0 | 0.246 | 0.940 | 0 | 0.265 |
| 计算机与信息服务 | 0.106 | 0 | 0.485 | 0.345 | 0.376 | 0 | 0.404 | 0.767 | 0.310 |
| 专有权利使用费和特许费服务 | 0 | 0 | 0 | 0.894 | 0.811 | 0.246 | 0.255 | 0.331 | 0.317 |
| 其他商业服务 | 0 | 0 | 0 | 0.236 | 0.563 | 0 | 0.152 | 0 | 0.119 |
| 个人文化与娱乐服务 | 0 | 0.048 | 0.844 | 0.202 | 0 | 0.739 | 0 | 0.445 | 0.285 |

资料来源：根据 OECD 服务贸易统计数据库数据，通过 MIIT 指数公式计算而得。

日本，而中国和韩国的产业内贸易指数在0.5左右波动。从细分的服务部门中，我们发现，中日两国在运输、旅游、通信、建筑和其他商业服务领域表现出较强的产业内贸易水平，中国和韩国的产业内服务贸易表现在运输、旅游、通信服务部门，日本和韩国则在除专有权利使用费和特许费服务以及建筑服务部门外均表现出较强的产业内贸易水平。

从动态MIIT指数看，中日、中韩、日韩之间各服务贸易部门除了在运输服务部门表现出较强的产业内贸易水平外，其他部门的年均MIIT指数没有显示出明显的产业内贸易倾向。由于它是一个动态指标，我们可以发现不同年份各部门的MIIT指数处于一个变动的状态，有时表现为产业间贸易，有时表现为产业内贸易，贸易模式并不稳定，原因在于这个指标受当年进口额和出口额增减比例的影响，只要增减比例不同，计算反映的结果会和GL存在较大的差异。但它为我们研究短期内产业内贸易发展水平的变化提供了很好的参考。

## 第三节　中日韩服务贸易部门竞争力测度指标分析

### 一　服务贸易竞争力测度指标

测量服务贸易竞争力的主要指标包括国际市场占有率指数、贸易竞争力指数（TC指数）、显示性比较优势指数（RCA指数）、净出口显示性比较优势指数（NXRCA指数）、出口增长优势指数、显示性竞争优势指数。

#### （一）国际市场占有率指数

衡量一个国家服务贸易的国际地位有一个很重要的指标，那就是一国服务贸易出口在世界市场上的占有份额，即国际市场占有率。国际市场占有率指标直接反映某服务贸易部门或行业的国际竞争力状况，可用于比较不同国家和地区的服务贸易在国际市场上的竞争能力。其计算公式为：

$$MS_{ij} = (X_{ij} / \sum_{j} X_{ij}) \tag{3-7}$$

**$MS_{ij}$ 表示 $j$ 国某一服务贸易部门的国际市场占有率，$X_{ij}$ 表示的是 $j$ 国某一服务贸易部门的出口总额，$\sum_j X_{ij}$ 表示世界某一服务贸易部门的出口总额。**

服务贸易的国际市场占有率指数可以比较直观地反映一国服务贸易在总量上的国际地位，该指数的取值范围在 0～1 之间。当指数值为 0 时表示一国某服务贸易部门没有任何出口，当指数值为 1 时表示全世界某一个服务贸易部门的产品都由该国提供，可见指数越低代表其竞争力越弱，指数越高代表其竞争力越强。但该指数也存在一定的局限，它不能体现某服务贸易部门的具体优势，只可作为参考性指标。

**（二）贸易竞争力指数（TC 指数）**

贸易竞争力指数（Tc 指数）又称为净出口比率指数（Ratin of Net Export Index），它表示一国某种商品或服务的出口额减去进口额，再与该类商品或服务进出口贸易总额相比。其计算公式为：

$$TC_{ij} = (X_{ij} - M_{ij}) / (X_{ij} + M_{ij}) \tag{3-8}$$

其中，$TC_{ij}$ 为 $j$ 国 $i$ 商品的贸易竞争力指数；$X_{ij}$ 为 $j$ 国 $i$ 商品的出口额；$M_{ij}$ 为 $j$ 国 $i$ 商品的进口额。TC 指数的取值范围为（-1，1）。当贸易竞争力指数为 -1 时，表明 $j$ 国 $i$ 商品只有进口没有出口，因此 $j$ 国 $i$ 商品完全处于劣势；反之，当贸易竞争力指数为 1 时，表明 $j$ 国 $i$ 商品只有出口没有进口，因此 $j$ 国 $i$ 商品拥有极强的优势地位；而当贸易竞争力指数为0时，表明$j$国$i$商品处于中性优势状态。从TC指数的含义中可以看出，它可以用来分析一个国家服务贸易部门的比较优势与国际竞争力。

### （三）显示性比较优势指数（RCA指数）

目前研究一个国家各种产业的比较优势或者在一定时期内一个国家出口结构的变化有很多种方法，其中从经验数据角度进行分析的方法就是显示性比较优势指数（Revealed Comparative Advantage Index，RCA指数）的方法，该方法是巴拉萨（Balassa）[①] 在1965年提出的，其计算公式可以表示为：

$$RCA_{ij} = \frac{X_{ij}/\sum_{i=1}^{n} X_{ij}}{\sum_{j=1}^{m} X_{ij}/\sum_{i=1}^{n}\sum_{j=1}^{m} X_{ij}} \tag{3-9}$$

**（3－9）式中$RCA_{ij}$为$j$国$i$服务部门的显示性比较优势指数；$X_{ij}$为$j$国$i$服务贸易部门的出口额；$\sum_{i=1}^{n} X_{ij}$为$j$国所有服务贸易部门的出口总额，$\sum_{j=1}^{m} X_{ij}$为世界$i$服务贸易部门的出口额，$\sum_{i=1}^{n}\sum_{j=1}^{m} X_{ij}$为世界服务贸易出口总额。**

该指标主要通过一国某服务贸易部门在该国服务出口中所占的份额与该服务贸易部门的世界出口额占世界服务贸易出口总额的份额之比来表示，它反映和衡量的是一国某服务贸易部门的比较优势。当RCA指数大于1时，表示该服务贸易部门拥有显性比较优势，当RCA指数小于1时，则表示该服务贸易部门处于比较劣势地位。

### （四）净出口显示性比较优势指数（NXRCA指数）

巴拉萨（1989）为了反映进口对出口竞争力的影响，又设

① Balassa B. "Trade Liberation and Revealed (20mparative Adevantage", *The Manchester School of Economic and Social Studies*, 1965, 33, *pp.* 92－123.

计了一个改进的 RCA 指数，称之为净出口显示性比较优势指数（NXRCA 指数），它是用一国某产业出口占总出口的比重与该国该产业进口占总进口的比重之差来表示该产业的贸易竞争优势的，其公式可以表示为：

$$NXRCA_{ij} = \frac{X_{ij}}{X_i} - \frac{M_{ij}}{M_i} \quad (3-10)$$

该指数大于 0 表示存在竞争优势，指数小于 0 表示不具有比较优势，指数值等于 0 表示贸易自我平衡。

### （五）出口增长优势指数

出口增长优势指数即一国某产业或产品的出口增长率与该国整体出口增长率之差，反映的是该国该产业或产品出口增长的相对优势。相对于国家整体出口而言，该指标越大说明该产业或产品的出口增长越快，对出口的贡献率越大。该指标的计算公式可表示为：

$$E_j = d_j - d_t \quad (3-11)$$

其中，$E_i$ 表示一国 $j$ 产业或产品的出口增长优势指数，$d_j$ 表示该国 $j$ 产业或产品的出口增长率，$d_t$ 表示该国整体出口增长率。

### （六）显示性竞争优势指数

为了考虑产业进口对出口竞争力的影响，沃尔拉斯（Vollrath，1988）[①] 也在显示性比较优势指数的基础上进行了改进，用 RCA 指数减去该国该产业的国内进口比重占全世界该产业进口的比重来表示显示性竞争优势指数。该指数的计算公式可以表示为：

$$E_j = d_j - d_t \quad (3-11)$$

---

① Vollrath, Thomas L, De Huu Vo. "Investigating the Nature of World Agricuhure Competitives", U. S. Department of Agriculture, *Economics Research Service*, Technical Bulletin, 1988, No. 1754.

其中，$M_{ij}$表示 $i$ 国 $j$ 商品或服务的进口额，$M_i$ 表示 $i$ 国全部商品或服务的进口额，$M_{wi}$表示世界 $j$ 商品或服务的进口额，$M_w$ 表示全世界商品或服务的进口额。该指数越大，表明该产业国际竞争力越强；该指数越小，表明该产业国际竞争力越弱。

## 二　中日韩服务贸易部门竞争力 TC 指数分析

改革开放以来，我国的服务贸易规模不断扩大，服务贸易的发展速度保持了快速增长的态势。1982～2009 年，我国服务贸易总额由 43.4 亿美元增加到 2868 亿美元，增长了 65 倍，年均增长率为 16%。从增长规模和速度来看，中国服务贸易总量的增长倍数远远高于同期全球服务贸易总量 8.4 倍的增长，其年均增长率也高于同期全球服务贸易进出口总额的年均增长率。2009 年我国服务贸易总额首次超过日本，全世界排名由 1982 年的第 28 位上升到了第4 位，其中服务贸易出口排名第 5 位，服务贸易进口排名第 4 位。随着我国加入 WTO，服务贸易开放承诺的逐步兑现以及服务部门开放程度的不断提高，这一时期，我国服务贸易得到了更加高速的发展。然而，中国服务贸易长期逆差的状态没有改变，且逆差额逐年增大，服务贸易逆差由 1997 年的 32 亿美元增加到 2009 年的 296 亿美元，扩大了 8.25 倍。可见，中国服务贸易存在着规模的不断扩大和贸易结构的不协调，因此，需要通过国际市场占有率指数、贸易竞争力指数（TC 指数）和显示性比较优势指数（RCA 指数）对中国服务贸易国际竞争力的变动进行测度。

### （一）国际市场占有率

国际市场占有率指标为一国某产品或产业的出口额与世界出口总额的比重。根据世界贸易组织的统计数据，2009 年部分国家和地区服务贸易出口占比排序如表 3－17 所示。

**表 3－17　2009 年部分国家和地区服务贸易国际市场占有率**

| 国家和地区（排名） | 出口额（亿美元） | 服务贸易出口占比（%） | 年增长率（%） |
|---|---|---|---|
| 1. 美国 | 4709 | 14.2 | －9.3 |
| 2. 英国 | 2397 | 7.2 | －15.9 |
| 3. 德国 | 2148 | 6.5 | －11.1 |
| 4. 法国 | 1403 | 4.2 | －14.2 |
| 5. 中国 | 1286 | 3.9 | －12.1 |
| 6. 日本 | 1243 | 3.8 | －15.2 |
| 7. 西班牙 | 1223 | 3.7 | －14.3 |
| 8. 意大利 | 1009 | 3.0 | －14.7 |
| 9. 爱尔兰 | 946 | 2.9 | －6.8 |
| 10. 荷兰 | 918 | 2.8 | －10.6 |
| 11. 中国香港 | 864 | 2.6 | －6.2 |
| 12. 印度 | 862 | 2.6 | －15.9 |
| 13. 比利时 | 746 | 2.3 | －11.3 |
| 14. 新加坡 | 737 | 2.2 | －11.2 |
| 15. 瑞士 | 682 | 2.1 | －10.7 |
| 16. 瑞典 | 602 | 1.8 | －15.9 |
| 17. 卢森堡 | 595 | 1.8 | －16.1 |
| 18. 加拿大 | 570 | 1.7 | －12.0 |
| 19. 韩国 | 559 | 1.7 | －24.6 |
| 20. 丹麦 | 546 | 1.6 | －24.6 |

资料来源：WTO Annual Report（2010）。

我国服务贸易出口的国际市场占有率在 1982 年还只有 0.7%，到2009年已经达到 3.9%。从表 3－17 中可以看出，我国在全球服务贸易出口额中所占的比例与主要发达国家相比还有一定的差距，但近年来，中国的服务贸易出口比重在不断上升，其国际市场占有率超过日本排名第 5 位，这说明中国服务贸易整体竞争力正在逐步增强。

### （二）中日韩贸易竞争力TC指数分析

根据前文分析，本书将采用能反映行业结构竞争力的TC指数对中日韩三国服务贸易的各部门进行测算。我们选取服务贸易整体和12个分部门的进出口数据，利用TC指数（见3－8式）来计算和判断服务贸易各部门的竞争力变动状况，结果如表3－18所示。

**表3－18　中日韩贸易竞争力TC指数（2000～2008年）**

| 项目 \ 年份 | 2000 | 2001 | 2002 | 2003 | 2004 |
|---|---|---|---|---|---|
| 整体服务贸易部门（中） | －0.084 | －0.082 | －0.079 | －0.084 | －0.072 |
| 整体服务贸易部门（日） | －0.249 | －0.249 | －0.236 | －0.168 | －0.149 |
| 整体服务贸易部门（韩） | －0.045 | －0.062 | －0.126 | －0.101 | －0.088 |
| 1.1 运输服务（中） | －0.478 | －0.419 | －0.408 | －0.395 | －0.341 |
| 1.2 运输服务（日） | －0.131 | －0.132 | －0.111 | －0.090 | －0.097 |
| 1.3 运输服务（韩） | 0.107 | 0.088 | 0.078 | 0.116 | 0.121 |
| 2.1 旅游服务（中） | 0.106 | 0.122 | 0.139 | 0.068 | 0.147 |
| 2.2 旅游服务（日） | －0.809 | －0.778 | －0.767 | －0.531 | －0.545 |
| 2.3 旅游服务（韩） | －0.021 | －0.088 | －0.276 | －0.307 | －0.341 |
| 3.1 通信服务（中） | 0.695 | －0.092 | 0.078 | 0.198 | －0.035 |
| 3.2 通信服务（日） | －0.167 | －0.197 | －0.101 | －0.090 | －0.156 |
| 3.3 通信服务（韩） | －0.233 | －0.302 | －0.289 | －0.340 | －0.176 |
| 4.1 建筑服务（中） | －0.246 | －0.010 | 0.128 | 0.043 | 0.046 |
| 4.2 建筑服务（日） | 0.187 | 0.113 | 0.127 | 0.149 | 0.177 |
| 4.3 建筑服务（韩） | 0.296 | 0.688 | 0.250 | 0.462 | 0.930 |
| 5.1 保险服务（中） | －0.916 | －0.845 | －0.879 | －0.872 | －0.883 |
| 5.2 保险服务（日） | －0.843 | －1.081 | －1.246 | －0.807 | －0.525 |
| 5.3 保险服务（韩） | －0.363 | －0.723 | －0.879 | －0.840 | －0.538 |
| 6.1 金融服务（中） | －0.112 | 0.125 | －0.276 | －0.210 | －0.190 |
| 6.2 金融服务（日） | 0.207 | 0.244 | 0.315 | 0.230 | 0.249 |

续表

| 项目 \ 年份 | 2000 | 2001 | 2002 | 2003 | 2004 |
|---|---|---|---|---|---|
| 6.3 金融服务(韩) | 0.573 | 0.731 | 0.818 | 0.747 | 0.791 |
| 7.1 计算机和信息服务(中) | 0.146 | 0.144 | -0.279 | 0.031 | 0.133 |
| 7.2 计算机和信息服务(日) | -0.323 | -0.303 | -0.306 | -0.324 | -0.355 |
| 7.3 计算机和信息服务(韩) | -0.793 | -0.731 | -0.729 | -0.636 | -0.722 |
| 8.1 专有权使用费和特许费服务(中) | -0.882 | -0.893 | -0.918 | -0.941 | -0.900 |
| 8.2 专有权使用费和特许费服务(日) | -0.037 | -0.031 | -0.027 | 0.055 | 0.070 |
| 8.3 专有权使用费和特许费服务(韩) | -0.648 | -0.536 | -0.565 | -0.463 | -0.410 |
| 9.1 其他商业服务(中) | 0.048 | 0.059 | 0.134 | 0.254 | 0.178 |
| 9.2 其他商业服务(日) | -0.157 | -0.189 | -0.173 | -0.123 | -0.059 |
| 9.3 其他商业服务(韩) | -0.178 | -0.182 | -0.231 | -0.246 | -0.237 |
| 10.1 个人文化与娱乐服务(中) | -0.536 | -0.282 | -0.528 | -0.350 | -0.622 |
| 10.2 个人文化与娱乐服务(日) | -0.833 | -0.844 | -0.584 | -0.739 | -0.875 |
| 10.3 个人文化与娱乐服务(韩) | -0.079 | -0.197 | -0.210 | -0.548 | -0.492 |
| 11.1 政府服务(中) | 0.244 | 0.296 | -0.105 | -0.117 | -0.168 |
| 11.2 政府服务(日) | -0.114 | -0.182 | -0.249 | 0.138 | 0.280 |
| 11.3 政府服务(韩) | 0.299 | 0.355 | 0.394 | 0.453 | 0.426 |

| 项目 \ 年份 | 2005 | 2006 | 2007 | 2008 |
|---|---|---|---|---|
| 整体服务贸易部门(中) | -0.059 | -0.046 | -0.031 | -0.039 |
| 整体服务贸易部门(日) | -0.098 | -0.072 | -0.076 | -0.065 |
| 整体服务贸易部门(韩) | -0.131 | -0.160 | -0.135 | -0.099 |
| 1.1 运输服务(中) | -0.297 | -0.241 | -0.160 | -0.134 |
| 1.2 运输服务(日) | -0.060 | -0.064 | -0.077 | -0.070 |
| 1.3 运输服务(韩) | 0.085 | 0.055 | 0.072 | 0.079 |
| 2.1 旅游服务(中) | 0.148 | 0.165 | 0.111 | 0.061 |
| 2.2 旅游服务(日) | -0.502 | -0.521 | -0.479 | -0.441 |
| 2.3 旅游服务(韩) | -0.453 | -0.530 | -0.563 | -0.307 |

**续表**

| 项目＼年份 | 2005 | 2006 | 2007 | 2008 |
|---|---|---|---|---|
| 3.1 通信服务(中) | -0.109 | -0.017 | 0.041 | 0.019 |
| 3.2 通信服务(日) | -0.220 | -0.254 | -0.300 | -0.243 |
| 3.3 通信服务(韩) | -0.271 | -0.223 | -0.251 | -0.233 |
| 4.1 建筑服务(中) | 0.231 | 0.146 | 0.298 | 0.406 |
| 4.2 建筑服务(日) | 0.204 | 0.184 | 0.131 | 0.096 |
| 4.3 建筑服务(韩) | 0.897 | 0.950 | 0.837 | 0.902 |
| 5.1 保险服务(中) | -0.858 | -0.883 | -0.844 | -0.804 |
| 5.2 保险服务(日) | -0.379 | -0.487 | -0.507 | -0.689 |
| 5.3 保险服务(韩) | -0.626 | -0.515 | -0.414 | -0.408 |
| 6.1 金融服务(中) | -0.047 | -0.719 | -0.415 | -0.285 |
| 6.2 金融服务(日) | 0.304 | 0.346 | 0.265 | 0.156 |
| 6.3 金融服务(韩) | 0.751 | 0.646 | 0.704 | 0.637 |
| 7.1 计算机和信息服务(中) | 0.063 | 0.260 | 0.326 | 0.328 |
| 7.2 计算机和信息服务(日) | -0.369 | -0.528 | -0.576 | -0.615 |
| 7.3 计算机和信息服务(韩) | -0.524 | -0.413 | -0.230 | -0.311 |
| 8.1 专有权使用费和特许费服务(中) | -0.943 | -0.940 | -0.920 | -0.895 |
| 8.2 专有权使用费和特许费服务(日) | 0.093 | 0.129 | 0.165 | 0.168 |
| 8.3 专有权使用费和特许费服务(韩) | -0.410 | -0.389 | -0.495 | -0.395 |
| 9.1 其他商业服务(中) | 0.177 | 0.169 | 0.141 | 0.091 |
| 9.2 其他商业服务(日) | 0.015 | 0.015 | -0.028 | 0.008 |
| 9.3 其他商业服务(韩) | -0.245 | -0.254 | -0.204 | -0.355 |
| 10.1 个人文化与娱乐服务(中) | -0.070 | 0.062 | 0.346 | 0.243 |
| 10.2 个人文化与娱乐服务(日) | -0.840 | -0.805 | -0.788 | -0.776 |
| 10.3 个人文化与娱乐服务(韩) | -0.281 | -0.291 | -0.350 | -0.250 |
| 11.1 政府服务(中) | -0.115 | 0.067 | -0.216 | -0.160 |
| 11.2 政府服务(日) | 0.169 | 0.132 | 0.100 | 0.048 |
| 11.3 政府服务(韩) | 0.319 | 0.291 | 0.233 | 0.327 |

资料来源：根据 OECD 服务贸易数据库数据，利用 TC 指数公式计算而得。

整体来看，我国服务贸易部门竞争力指数一直小于0，竞争力相对较弱，但从动态发展而言，2000～2008年，TC指数由-0.084增加到-0.039，服务贸易部门整体竞争力呈现出上升的趋势。受金融危机影响，2009年的TC指数急速下滑至-0.1，这表明我国服务贸易对外进口需求强度高，服务贸易出口与货物贸易关联性强，货物贸易受国外需求疲软的影响相应使得运输服务出口下降。

就各个服务贸易部门而言，传统服务贸易中的旅游业是我国服务贸易进出口的主要部门，占服务贸易额的比重最大。我国旅游业的较早开放以及自身旅游资源的优势使旅游业具有一定的竞争力，但与传统的旅游强国西班牙、美国、意大利、法国相比还存在很大的差距。运输服务业作为传统服务贸易的第二大部门，其竞争力指数一直为负，运输服务业竞争力水平低与我国货物贸易发达程度不相匹配，但可喜的是，近年来我国运输服务业竞争力指数呈上升趋势，还有较大的发展空间。在现代服务业中，保险服务、金融服务、专有权利使用费和特许费服务业处于国际竞争劣势，而其他的一些生产性服务业和商业服务，如建筑服务、计算机与信息服务、咨询服务、广告宣传服务竞争性指数呈现出由负转正的变化，竞争力显著提升。这说明在全球服务业产业转移的过程中，我国抓住了承接服务外包的良好机遇，促进了相关行业的出口。各服务部门的TC指数动态变化趋势和特点深刻地反映了我国服务贸易部门竞争力水平参差不齐，传统的旅游业和其他商业服务部门具有一定的竞争力优势，而现代服务业中的技术密集型和知识密集型高附加值服务部门竞争力较弱。

通过对中日韩服务贸易竞争力指数的比较，可以发现，从总体而言，中国的整体服务贸易TC指数排在第一位，第二位是日本，第三位是韩国。中国和日本的服务贸易竞争力呈逐年提高的趋势，而韩国却在下降。

从传统服务贸易来看，在运输服务贸易方面，韩国的服务贸易竞争力最高，之后依次是日本和中国。三国的运输服务贸易 TC 指数都在逐年上升，表明中日韩三国的运输业竞争力都在不断提高。

在旅游服务贸易方面，中国凭借其丰富的自然旅游资源以及总量上的优势，具备了一定的资源禀赋优势。从 TC 指数的比较来看，中国高于韩国，韩国高于日本。

从新兴服务贸易部门来看，三国各自具备一定的优势和劣势部门，中国通信服务、计算机与信息服务、其他商业服务、个人文化与娱乐服务的国际竞争力指数最高；韩国资本密集和高技术含量的金融服务、建筑服务的国际竞争力指数最高；日本专有权利使用费和特许费服务的国际竞争力最强。

国际竞争力较弱、处于服务贸易劣势的部门主要有：中国的金融服务、专有权利使用费和特许费服务部门，韩国的通信服务、其他商业服务部门，日本的建筑服务、计算机和信息服务、个人娱乐与文化服务部门。此外，中日韩三国在保险服务业方面都不具备国际竞争力。

## 三　中日韩服务贸易部门显示性比较优势 RCA 指数分析

本书试图分析中日韩三国分行业的显示性比较优势指数，并对其进行比较分析。从公式 $RCA_{ij}=\dfrac{X_{ij}/\sum_{i=1}^{n}X_{ij}}{\sum_{j=1}^{m}X_{ij}/\sum_{i=1}^{n}\sum_{j=1}^{m}X_{ij}}$ 的定义可知 $X_{ij}$ 为 $j$ 国 $i$ 服务贸易部门的出口额，$\sum_{i=1}^{n}X_{ij}$ 为 $j$ 国所有服务贸易部门的出口总额。$\sum_{j=1}^{m}X_{ij}$ 为世界 $i$ 服务贸易部门的出口额，$\sum_{i=1}^{n}\sum_{j=1}^{m}X_{ij}$ 为世界服

务贸易出口总额。由于一些国家服务贸易的部门细分统计数据不完备，$\sum_{i=1}^{n}\sum_{j=1}^{n}X_{ij}$即全世界某服务贸易部门的出口总额无法统计，因此本书选取了2000～2008年服务贸易总额排名前30位的经济体作为分析对象，对服务贸易各部门的RCA指数进行分析。选取这30个经济体的原因在于这些国家分部门的详细数据可获得，而且30个经济体的服务贸易总额占全球服务贸易总额的82%，具有代表性，统计数据符合显示性比较优势指数的公式要求，而且计算的RCA指数主要用于竞争力对比分析，并不影响分析结果。通过计算可得2000～2008年中日韩三国分行业的RCA指数，如表3－19、表3－20、表3－21所示。

**表3－19　中国服务贸易分部门RCA指数（2000～2008年）**

| 项目＼年份 | 2000 | 2001 | 2002 | 2003 | 2004 | 2005 | 2006 | 2007 | 2008 |
|---|---|---|---|---|---|---|---|---|---|
| 1. 运输服务 | 0.53 | 0.62 | 0.66 | 0.78 | 0.86 | 0.90 | 1.01 | 1.13 | 1.11 |
| 2. 旅游服务 | 1.88 | 1.94 | 1.90 | 1.44 | 1.62 | 1.62 | 1.58 | 1.36 | 1.26 |
| 3. 通信服务 | 2.23 | 0.38 | 0.69 | 0.64 | 0.34 | 0.31 | 0.37 | 0.46 | 0.51 |
| 4. 建筑服务 | 0.99 | 1.20 | 1.54 | 1.36 | 1.19 | 1.59 | 1.30 | 1.86 | 2.61 |
| 5. 保险服务 | 0.22 | 0.39 | 0.20 | 0.25 | 0.28 | 0.45 | 0.31 | 0.37 | 0.48 |
| 6. 金融服务 | 0.03 | 0.04 | 0.02 | 0.05 | 0.02 | 0.03 | 0.02 | 0.02 | 0.03 |
| 7. 计算机与信息服务 | 0.47 | 0.47 | 0.52 | 0.67 | 0.71 | 0.66 | 0.77 | 0.82 | 0.93 |
| 8. 专有权利使用费和特许费服务 | 0.04 | 0.05 | 0.05 | 0.04 | 0.06 | 0.03 | 0.04 | 0.05 | 0.07 |
| 9. 其他商业服务 | 1.07 | 1.04 | 1.04 | 1.44 | 1.26 | 1.22 | 1.25 | 1.30 | 1.22 |
| 10. 个人文化与娱乐服务 | 0.03 | 0.07 | 0.06 | 0.05 | 0.05 | 0.15 | 0.12 | 0.22 | 0.25 |
| 11. 政府服务 | 0.35 | 0.48 | 0.33 | 0.28 | 0.23 | 0.27 | 0.25 | 0.21 | 0.24 |

资料来源：根据联合国全球创意产品和服务贸易统计数据库（http://stats.unctad.org/creative）的数据，利用RCA公式计算而得。

**表 3－20　日本服务贸易分部门 RCA 指数（2000～2008 年）**

| 项目＼年份 | 2000 | 2001 | 2002 | 2003 | 2004 | 2005 | 2006 | 2007 | 2008 |
|---|---|---|---|---|---|---|---|---|---|
| 1. 运输服务 | 1.63 | 1.66 | 1.67 | 1.57 | 1.46 | 1.40 | 1.42 | 1.43 | 1.34 |
| 2. 旅游服务 | 0.17 | 0.19 | 0.20 | 0.44 | 0.45 | 0.46 | 0.31 | 0.32 | 0.33 |
| 3. 通信服务 | 0.60 | 0.52 | 0.56 | 0.40 | 0.22 | 0.17 | 0.17 | 0.20 | 0.21 |
| 4. 建筑服务 | 4.23 | 3.58 | 3.46 | 2.89 | 3.56 | 3.00 | 3.32 | 3.38 | 3.45 |
| 5. 保险服务 | 0.15 | －0.09 | －0.22 | 0.18 | 0.50 | 0.48 | 0.71 | 0.53 | 0.32 |
| 6. 金融服务 | 0.55 | 0.58 | 0.75 | 0.70 | 0.66 | 0.62 | 0.61 | 0.50 | 0.43 |
| 7. 计算机与信息服务 | 0.90 | 0.75 | 0.56 | 0.39 | 0.29 | 0.27 | 0.20 | 0.17 | 0.14 |
| 8. 专有权利使用费和特许费服务 | 2.41 | 2.66 | 2.53 | 2.56 | 2.52 | 2.44 | 2.75 | 2.94 | 3.03 |
| 9. 其他商业服务 | 1.09 | 1.03 | 1.05 | 0.90 | 0.88 | 0.96 | 1.04 | 1.00 | 1.07 |
| 10. 个人文化与娱乐服务 | 0.13 | 0.15 | 0.36 | 0.13 | 0.06 | 0.07 | 0.09 | 0.10 | 0.09 |
| 11. 政府服务 | 0.51 | 0.48 | 0.45 | 0.78 | 1.04 | 0.85 | 0.75 | 0.72 | 0.81 |

资料来源：根据联合国全球创意产品和服务贸易统计数据库（http://stats.unctad.org/creative）的数据，利用 RCA 公式计算而得。

**表 3－21　韩国服务贸易分部门 RCA 指数（2000～2008 年）**

| 项目＼年份 | 2000 | 2001 | 2002 | 2003 | 2004 | 2005 | 2006 | 2007 | 2008 |
|---|---|---|---|---|---|---|---|---|---|
| 1. 运输服务 | 1.97 | 2.02 | 2.12 | 2.40 | 2.38 | 2.29 | 2.29 | 2.33 | 2.46 |
| 2. 旅游服务 | 0.79 | 0.80 | 0.77 | 0.63 | 0.57 | 0.53 | 0.50 | 0.43 | 0.58 |
| 3. 通信服务 | 0.64 | 0.64 | 0.66 | 0.48 | 0.51 | 0.47 | 0.59 | 0.41 | 0.45 |
| 4. 建筑服务 | 0.05 | 0.14 | 0.07 | 0.06 | 0.12 | 0.11 | 0.12 | 0.09 | 0.13 |
| 5. 保险服务 | 0.14 | 0.12 | 0.05 | 0.04 | 0.15 | 0.23 | 0.29 | 0.33 | 0.31 |
| 6. 金融服务 | 0.31 | 0.25 | 0.39 | 0.33 | 0.38 | 0.49 | 0.59 | 0.66 | 0.58 |
| 7. 计算机与信息服务 | 0.01 | 0.02 | 0.02 | 0.03 | 0.02 | 0.03 | 0.12 | 0.12 | 0.09 |
| 8. 专有权利使用费和特许费服务 | 0.37 | 0.52 | 0.47 | 0.64 | 0.70 | 0.64 | 0.66 | 0.45 | 0.54 |
| 9. 其他商业服务 | 1.01 | 0.90 | 0.84 | 0.78 | 0.76 | 0.81 | 0.84 | 0.90 | 0.65 |
| 10. 个人文化与娱乐服务 | 0.35 | 0.38 | 0.48 | 0.17 | 0.23 | 0.50 | 0.58 | 0.59 | 0.61 |
| 11. 政府服务 | 0.98 | 1.21 | 1.34 | 1.32 | 1.25 | 1.26 | 1.23 | 1.16 | 0.81 |

资料来源：根据联合国全球创意产品和服务贸易统计数据库（http://stats.unctad.org/creative）的数据，利用 RCA 公式计算而得。

从表 3 - 19、表 3 - 20、表 3 - 21 中可以看出，在运输服务方面，韩国的显示性比较优势指数最高，竞争力较强，其次是日本，中国运输服务业的竞争力较弱。韩国运输服务业 RCA 指数由2000年的 1.97 上升到 2008 年的 2.46，中国的运输服务业 RCA 指数由2000 年的 0.53 上升到 2008 年的 1.11。可见韩国仍然保持着该行业强劲的竞争优势，中国运输业的竞争力虽然不强，但是近年来有着持续上升的趋势，说明中国在加入 WTO 之后，运输业竞争力在逐步增强。相反日本的运输服务业竞争力却呈现出下降的态势，RCA 指数由 2000 年的 1.63 下降到 2008 年的 1.34。

在旅游服务方面，中国具备较为明显的竞争优势，韩国和日本的竞争力较弱，但中国和韩国的 RCA 指数有逐年下降的表现，而日本旅游服务贸易竞争力在波动中略有提高。

在通信服务方面，韩国的 RCA 指数变动范围为（0.45 ~ 0.64），竞争力变化平稳。日本通信服务业 RCA 指数从 2000 年的 0.60 下降到 2008 年的 0.21，竞争力下降明显。2001 年中国加入 WTO 之后，在通信服务业市场准入方面，由于跨境交付和境外消费的提供方式取消限制，该行业受到较大冲击，RCA 指数由 2000 年的 2.23 急剧下降到 2001 年的 0.38，之后略有上升，在 2008 年达到 0.51。

在建筑服务方面，日本具有绝对的竞争优势，竞争力远远高于中国和韩国，但近年来，中国的建筑服务业发展迅速，竞争力得到很大提高，由 2000 年的 0.99 上升到 2008 年的 2.61。相比之下韩国建筑服务业不具备比较优势。

在保险服务方面，日本、中国、韩国的竞争力都不强，2004 ~ 2007 年日本保险服务业 RCA 指数高于中国，其余年份的 RCA 指数都低于中国，竞争力相差不大。韩国保险服务业 RCA 指数较低，但指数逐年上升，表明其竞争力在不断增强。

在金融服务方面，日本和韩国的竞争力都远远高于中国，其中韩国金融业竞争力在不断加强，而日本金融业竞争力有下滑的趋势。

在计算机与信息服务方面，中国 RCA 指数日渐上升，而日本的 RCA 指数逐渐下降。2003 年中国在计算机与信息服务方面超越日本后，一直位于中日韩的第一位。日本和韩国的计算机与信息服务业表现出相对劣势，不具备竞争优势。

在专有权利使用费和特许费服务方面，日本最具竞争力，其次是韩国，中国缺乏竞争优势，且日本的 RCA 指数远远高于中国，具有显著的比较优势，韩国在该行业也具备一定的竞争力。

在其他商业服务方面，由于包括的细分行业较多，无法做详细的比较。从 RCA 指数显示的结果来看，中国和日本的 RCA 指数都介于0.8～1.25 之间，具备一定的国际竞争力。相比之下，韩国的竞争力稍弱一些，但差距不大。在个人文化与娱乐服务方面，中日韩三国的竞争力都比较低，但韩国较中国和日本而言更具比较优势。

# 第四章　中日韩参与区域服务贸易自由化实践

随着生产要素在国家间的自由流动，在全球产业转移的趋势下，全球的产业结构也开始向信息化、科技化、服务化方向发展，第三产业服务业也成为产业转移和产业投资重点倾斜的对象。多边体制下的服务贸易总协定开启了服务贸易走向自由化的步伐，而区域自由服务贸易协定的蓬勃发展又在深度上和广度上为推动服务贸易自由化注入了新的动力，区域间的服务贸易合作主要通过两种方式，一是在建立的区域自由贸易协定中纳入服务贸易自由化的内容，二是成员方出于对服务贸易发展的需要而签订单独的区域服务贸易协定。北美自由贸易区是最早将服务贸易合作包括在区域自由贸易协定中的自贸区，之后从20世纪90年代末开始，越来越多的区域自由贸易区的建立都将服务贸易自由化作为一个重要组成部分纳入谈判中。区域服务贸易协定的签订数额的增长率也高于货物贸易自由协定，从2002年开始，服务贸易总协定通报自由贸易协定增长率高达42%，截至2011年5月，在已通知的CATT/WTO且生效的297件区域贸易安排中，归于GATS第5条下的有95件。区域性的服务贸易协定已成为推动全球服务贸易自由化的重要模式，加快了服务贸易的发展，全球服务贸易额也从1980年的7674亿美元增加到2010年的71666亿美元，增长了近9倍，年均增长率达到7.7%。

从全球服务贸易自由化的进程来看，经历了WTO成员在GATS多边体制下的发展到区域性服务贸易合作不断加强的发展过程。发达国家服务业在国民经济中占有重要的地位，占GDP的比重在60%以上，服务业相对发达，以美国为首的发达国家在服务贸易方面取得了显著的进步，也积累了较强的竞争优势，为了寻求和拓展在全球范围内的市场，发达国家表现出更为积极的态度。从20世纪80年代开始，美国等发达国家极力主张将服务贸易纳入GATT的框架内，但发展中国家担心服务贸易领域的开放会削弱本国对贸易政策实施及保护服务业发展目标的能力而表现出强烈的反对。然而，最终为了以服务贸易开放为代价换取发达国家在货物领域内做出开放承诺，发展中国家的让步使得服务贸易总协定得以确定。尽管服务贸易总协定的制定在一定程度上推动了全球服务贸易自由化的发展，但其进展缓慢，2008年7月，由于主要成员国在“特殊保障机制”问题上无法达成一致，多哈回合谈判的破裂使得服务贸易谈判陷入僵局。在这一过程中，成员国更倾向于实现区域性的服务贸易合作，以作为推动服务贸易自由化的一种次优选择。无论是发达国家还是发展中国家都积极参与到区域服务贸易自由化的实践中，比如北美自由贸易区、东盟服务贸易协议以及各国广泛签订的服务贸易协定。在这种大趋势下，一是为了避免被区域性自由贸易安排边缘化，二是加深与其他国家政治、经济贸易往来的合作，中国、日本和韩国同样制定了符合自身利益的区域经济一体化战略，逐步加快了建立区域自由贸易区的步伐。

# 第一节　中日韩参与区域服务贸易合作实践制度安排

截至目前，已通知GATT/WTO且生效的297件区域贸易安排中，归于CATS第5项下的有95件。中日韩三国参与的区域服务贸易协定已达到24个，其中日本12个，中国7个，韩国5个。

## 一　中国已签订的服务贸易协定

从21世纪开始，中国的服务贸易进入了高速发展的阶段，但之前一直没有和其他经济体签订任何自由贸易协定。2003年6月和10月，中国内地分别与香港和澳门签订了《关于建立更紧密经贸关系的安排》，中国内地第一次将服务贸易的内容放入自由贸易协定中。此后，中国与其他国家和经济体签订的自由贸易协定要么是一揽子协议包含了服务贸易的内容，要么是单独就服务贸易自由化问题签订服务贸易补充协定。单独签订的服务贸易协定有三个：2009年2月21日中国与巴基斯坦签订了《中国－巴基斯坦自由贸易区服务贸易协定》，这一协定是截至目前两国在GTAS承诺基础上对外开放程度最高的服务贸易协定，深化和扩展了6个部门和28个分部门。2008年4月13日，中国与第一个拉美国家——智利签署了自由服务贸易协定，这是中国与智利在2006年10月生效的《中国—智利自由贸易协定》的基础上在服务贸易领域内签订的补充协议（《中智自由贸易协定关于服务贸易的补充协定》）。2007年1月，中国与东盟签署了《服务贸易协议》，并于2007年7月正式实施。在已经签署的自由贸易协定中包含了服务贸易内容的有：2008 年 4 月 7 日，中国与发达国家签署的第一个自由贸易协定《中华人民共和国政府和新西兰政府自由贸易协定》，也是第一次大胆尝试在多个领域（货物贸易、服务贸易、投资领域）进行开放的协定。2008 年 10 月 23 日，中国与新加坡签署《中华人民共和国政府和新加坡共和国政府自由贸易协定》和《中华人民共和国政府和新加坡共和国政府关于双边劳务合作的谅解备忘录》，该《协定》是一份内容全面的自由贸易协定，涵盖了货物贸易、服务贸易、人员流动、海关程序等诸多领域，并且双方在医疗、教育、会计等服务贸易领域做出了高于 WTO 的承诺。2009 年 4 月 28 日，中国和秘鲁签署《中国 - 秘鲁自由贸易协定》，这是我国与拉美国家签署的第一个一揽子自由贸易协定，该协定涵盖货物贸易、服务贸易和投资领域。可以说，服务贸易已经成为中国自由贸易区战略的重要组成部分。2007 年，党的十七大报告中明确提出实施自由贸易区战略，截至目前，中国已签订了 9 个自由贸易区，6 个自由贸易区正在谈判当中，在已签订的自贸协定中涉及服务贸易内容的有 7 个。

中国与其他国家签署和实施的 7 个服务贸易协议涉及的范围超过加入WTO 的承诺，承诺开放的服务贸易部门不断增加（见表 4 - 1）。

**表 4 - 1　中国服务贸易区域协议高于 WTO 承诺水平**

| 已签署/实施 FTA | 协议生效时间 | 协议承诺 |
| --- | --- | --- |
| 1. 中国 - 东盟自由贸易区《中国 - 东盟服务贸易协议》 | 2007 年 7 月 1 日生效<br>2010 年 1 月 1 日实施 | 建筑、环保、运输、体育和商务 5 个服务部门的 26 个分部 |

续表

| 已签署/实施 FTA | 协议生效时间 | 协议承诺 |
| --- | --- | --- |
| 2.《中国－新加坡自由贸易协定》包含服务贸易内容 | 2009 年 1 月 1 日生效 | 在 WTO 和中国－东盟自贸区基础上向对方服务提供者进一步开放服务贸易市场 |
| 3.《中国－巴基斯坦自由贸易协定》补充协议《中国－巴基斯坦服务贸易协定》 | 2007 年 7 月生效<br>2009 年 10 月 10 日生效 | 6 个主要服务部门的 28 个分部门对巴基斯坦服务提供者进一步开放，具体包括采矿、研发、环保、医院、旅游、体育、交通、翻译、房地产、计算机、市场调研、管理咨询、印刷出版、建筑物清洁、人员提供和安排服务等 |
| 5.《中国－新西兰自由贸易协定》包括服务贸易内容 | 2008 年 10 月 1 日生效 | 中国在商务、环境、体育娱乐、运输 4 大部门的 15 个分部门做出了高于 WTO 的承诺，包括开放项目管理服务，允许新西兰服务提供者设立外商投资企业，提供计算机、环保、体育娱乐服务，允许设立中外合资企业，提供计算机订座系统服务等 |
| 6.《中国－智利自由贸易协定》《中智自由贸易协定关于服务贸易的补充协定》 | 2006 年 10 月 1 日生效<br>2008 年 4 月 13 日签订 | 计算机、管理咨询、房地产、采矿、环境、体育、空运等 23 个部门和分部门 |
| 7.《中国－秘鲁自由贸易协定》包括服务贸易内容 | 2010 年 3 月 1 日生效 | 中方则在采矿、咨询、翻译、体育、旅游等部门对秘方进一步开放。同时，为进一步便利两国人员来往，《协定》为商务人员临时入境建立了透明的标准和简化的程序 |
| 8.《中国－哥斯达黎加自由贸易协定》包括服务贸易内容 | 2010 年 4 月 8 日签署 | 在对 WTO 承诺的基础上，中国则在 7 个部门进一步开放 |

资料来源：中国自由贸易区服务网。

## 二　日韩各自签订的服务贸易协定

日本是货物贸易和服务贸易大国，出于对国内农产品的保护，日本对农产品的进口实施较高的关税，这一现实状况在一定程度上阻碍了日本区域贸易安排的建设。2002 年日本提出了区域自由贸易区战略，原则上以经济利益为首要出发点，在战略伙伴国的选择和区域选择上主要集中在韩国和东盟国家。由于在一些敏感领域和农产品问题上难以调和，日本自从 2002 年签订了《日本与新加坡在新时代合作的经济协定》之后，区域贸易合作的脚步放缓了。随着中国、韩国在区域贸易安排建设上取得了突飞猛进的发展，日本开始担心自身在区域地缘政治、经济方面的影响力下降，于是重新调整自己的区域自由贸易区建设战略，加快了建设自由贸易区的步伐。截至目前，日本已对外签署 12 个自由贸易协定，他们分别是日本 - 新加坡、日本 - 文莱、日本 - 菲律宾、日本 - 泰国、日本 - 印度尼西亚、日本 - 智利、日本 - 墨西哥、日本 - 瑞士、日本 - 越南、日本 - 马来西亚、日本 - 东盟、日本 - 印度①。除了《日本 - 东盟经济伙伴关系协定》没有涉及服务贸易内容外，其他经济伙伴协定中均包括服务贸易协议内容，而且正在谈判的 4 个自由贸易协定也包含了服务贸易的内容。由于日本在现代服务业方面具备一定的优势，在服务贸易总协定中的服务贸易开放程度也较高，在和其他国家的服务贸易合作谈判中占有先机，而且还可以为货物领域的谈判增加砝码，所以，服务贸易协议将是日本签订自由贸易区的一个重要而又不可

① WTO 区域贸易协定数据库：http：//rtais. wto. org/ui/PublicSearchByCrResult. aspx。

缺少的组成部分。从已签订的自由贸易协定来看，服务贸易的开放程度都不同程度地超越了在 WTO 的承诺。

日本与新加坡签订的经济伙伴关系协定是日本的第一个自由贸易协定。由于新加坡是一个对外贸易依存度较高的国家，而且和日本之间不存在农业、渔业等敏感问题的谈判难点，加之新加坡加入了东盟自由贸易区，日本与新加坡签订自由贸易协定可以为日后和东盟签订“10 +1” 自由贸易协定做好铺垫。新加坡对自由贸易高度重视，在诸多领域都呈现出高度开放的状态。因此日本较快也很顺利地和新加坡达成了自由贸易协定，成为日本区域贸易安排的第一次尝试。日本和新加坡的自由贸易协定超越了传统贸易协定的内容，不仅在货物贸易领域，还在服务贸易、投资便利化、知识产权、政府采购等诸多方面进行了经济合作。就服务贸易来说，日本在 WTO 基础上又新开放了 32 个服务贸易部门，主要包括信息通信服务、商业服务、金融服务、建筑服务、分销服务、教育服务、环保服务、海陆空交通运输服务等，其中，新增开放服务贸易部门包括流通、养老金运用、赔偿责任保险的再保险、医疗、社会事业、制造业相关服务、保安业、国际海上运输、道路运输、货物运输代理店等部门。

截至目前韩国共签订了 8 个自由贸易协定，而已生效实施的有 5 个,它们分别是：①韩国一智利自贸区（2004 年 4 月生效）；②韩国 – 新加坡自贸区（2006 年 3 月生效）；③韩国 – 欧盟自由贸易联盟（2006 年 9 月生效）；④韩国 – 东盟自贸区（货物贸易协定于 2007 年 6 月生效，服务贸易协定于 2009 年 3 月生效，投资协定于 2009 年 9 月生效）；⑤韩国 – 印度紧密经贸伙伴关系（2010 年1 月 1 日生效）；⑥韩国 – 欧盟自由贸易协定（2011 年 7 月1 日生效）。已签订但尚未生效的自由贸易协定有 2

个，它们分别是：①韩国 - 美国自由贸易协定（2007 年 6 月 30 日签订）；②韩国 - 秘鲁自由贸易协定（2010 年 11 月 15 日草签）。

## 第二节　中日韩已签订的服务贸易协定比较

近年来，中日韩三国各自都签订了一些区域服务贸易协定，由于不同的缔约方经济发展程度和服务贸易情况都不相同，各国都会根据自身优势部门做出开放承诺和选择提供方式。因此在具体的区域合作和谈判中，与不同国家签订区域服务贸易协定时所做的承诺是不一样的。由于中日韩都与东盟签订了区域贸易协定，为了能清晰比较中日韩三国哪些优势部门在与东盟的服务贸易合作中做出高于 GATS 的承诺，选择中日韩与东盟签订的自由贸易协定（Free Trade Agreement，简称 FTA）来进行分析更具合理性。

### 一　中日韩已签订的区域贸易协定框架比较分析

东盟在 2007 年和 2008 年分别与中日韩签署了 FTA。2007 年 1 月 14 日与中国签署《中国一东盟自由贸易区服务贸易协议》；2007 年 11 月21 日与韩国签署《韩国一东盟自由贸易区服务贸易协定》；2008 年 4 月 14 日与日本签署全面经济伙伴关系协定，该协定中虽然把服务贸易内容作为其框架组成部门纳入其中，但是在具体章节中并没有涉及具体的合作内容，对于服务贸易内容，双方将在协议生效后一年内设置委员会来继续谈判。

#### （一）协议的框架和主要内容

从中国 - 东盟、韩国 - 东盟的服务贸易协议的框架来看，区域服务贸易协议主要参照 GATS 的构建模式，引入较为规范和完善的多边贸易体制规则。其协议框架包括四个部分总共33个条款。这四个部分包括：①定义和范围；②义务和纪律；③具体承诺；④最终条款。从具体内容来看：在定义和范围部分规定了与服务贸易相关的定义和协议的管辖范围，指出该协议适用于各缔约方影响服务贸易的所有措施。义务和纪律部分主要对包括透明度、国内管制、相互承认、垄断与专营服务提供者、商业惯例、保障措施、一般例外、安全例外、补贴等各成员开展服务贸易应遵循的行为准则以及权利和义务做出了规定。同时，协议还提出了加强东盟新成员参与的条款，以支持柬埔寨、老挝、缅甸、越南等国服务的发展。具体承诺部分包括市场准入、国民待遇、附加承诺、具体承诺减让表、承诺的适用与扩大、承诺表的修改、逐步自由化等条款，协议规定各方在具体承诺减让表中应列明具体开放的部门和措施，并将提交的具体承诺减让表作为附件，构成协议的一部分。最终条款包括杂项条款、修订、争端解决、协议生效等条款，对协议的实施以及其他未尽的事宜做出规定[①]。虽然《日本－东盟经济伙伴关系协定》中没有具体涉及服务贸易的内容，但日本和东盟中的七个国家分别签订了经济伙伴关系协定，其中都把服务贸易内容作为其协议框架的组成部分，服务贸易合作的框架设定也都具有非常强的相似性，主要包括：定义和范围、市场准入、国民待遇、额外承诺、具体承诺减让表、最惠国待遇、授权、许可证和资格、相互承认、透明度、垄断和专营服务、支付和转移、维护国际收支平衡的限制、紧急保障措施。

① 邹春萌：《韩国－东盟服务贸易的发展和自由化》，《南洋问题研究》2008年第9期。

### （二）中日韩签订的服务贸易协定与在 GATS 中承诺水平的比较

本节主要对中日韩三国各自签订的区域贸易协定中有关服务贸易的开放水平进行评估，判断其在区域服务贸易协定中的承诺水平比在GATS 框架下有多大程度的扩展和深化。对服务贸易部门扩展和承诺水平深化的考察可以通过两项指标来反映，一是服务贸易部门扩展指标：服务贸易自由化承诺部门覆盖率的提高；二是服务贸易承诺深化指标：对在 GATS 中已承诺开放的服务贸易部门在区域贸易协定中做出进一步的开放承诺。

根据扩展和深化指标，我们可以将区域服务贸易协定的承诺开放的比较方式分为四类。第一，在 CATS 中没有涉及承诺的服务贸易部门，在区域服务贸易协定中仍然没有承诺；第二，在 GATS 中没有涉及承诺的服务贸易部门，在区域服务贸易协定中覆盖部门有所扩展；第三，在 CATS 中已做出承诺水平的服务贸易部门,在区域服务贸易协定中的承诺水平保持不变；第四，在 GATS 中已做出承诺水平的服务贸易部门，在区域服务贸易协定中的承诺水平得到进一步深化和发展。通过归纳整理中日韩各自已签订的服务贸易协定和区域经济一体化协定中涉及的服务贸易内容的承诺表，对服务贸易的 12 个部门的开放水平是否高于最初加入 GATS 时的承诺水平进行评估，可以发现如下结果。

从缔结的区域服务贸易协定具体承诺表中可以发现，中日韩三国在区域贸易协定中所做的承诺都高于在 CATS 中的承诺水平，按照GATS 服务贸易分类（MTN. GNS/W/120 标准将服务贸易分为 12 个服务贸易部门 160 个分部门）的范围，各国一般会选择本国具有比较优势的服务贸易部门做出进一步的开放。韩国在与东盟的服务贸易协定中对商务服务、通信服务、建筑服务及相关工程服务、分销服务、教育服务、环境服务、金融服务、与健康有关的服务和社会服务、旅游服务、娱乐文化体育服务、运输服务 11 个部门的分部门做出进一步开放承诺（见表 4－2）。

**表 4－2　韩国－东盟服务贸易协定承诺与韩国在 GATS 中承诺的对比**

| 深化开放领域 | 韩国－东盟服务贸易协定 | 韩国在 GATS 中所做的承诺 |
| --- | --- | --- |
| 一、商业服务 | | |
| (一)法律服务 | 新开放部门 | 不做承诺 |
| (二)兽医服务 | 新开放部门 | 不做承诺 |
| (三)研发服务 | 新开放自然科学研发服务与边缘学科的研究和开发服务两个分部门;对社会科学和人文科学服务除提供模式 4 外全部开放 | 只开放了社会科学和人文科学服务,且对提供模式 1 和 2 不做承诺 |
| (四)房地产服务 | 新开放部门 | 不做承诺 |
| (五)租赁服务 | 船舶租赁除自然人移动保持水平承诺外,其他提供方式不做限制。新开放个人或家庭用品的出租服务 | 船舶租赁服务提供模式 1 和 2 不做承诺 |
| (六)其他商业服务 | | |
| 1. 市场调研和民意测验服务 | 在市场准入方面对提供模式 1 和 2 不做限制 | 在市场准入方面对提供模式 1 和 2 不做承诺 |
| 2. 技术测试和分析服务 | 新开放物理特性测试和分析服务,不允许跨境交付模式服务,其他方式不做限制 | 不做承诺 |
| 3. 与农业、狩猎和林业有关的服务 | 在市场准入方面对提供模式 1、2、3 不做限制 | 市场准入方面对提供模式 1 和 2 不做承诺 |
| 4. 与渔业有关的服务 | 在市场准入方面对提供模式 1、2、3 不做限制 | 市场准入方面对提供模式 1 和 2 不做承诺 |
| 5. 与采矿业有关的服务 | 在市场准入方面对提供模式 1、2、3 不做限制 | 市场准入方面对提供模式 1 和 2 不做承诺 |

**续表**

| 深化开放领域 | 韩国－东盟服务贸易协定 | 韩国在 GATS 中所做的承诺 |
| --- | --- | --- |
| 6. 与制造业有关的服务 | 新开放服务部门 | 不做承诺 |
| 7. 人员提供与安排服务 | 新开放服务部门 | 不做承诺 |
| 8. 相关的科学和技术咨询服务 | 开放了更多分部门下的服务活动 | 部分服务活动不做承诺 |
| 9. 建筑物清洗服务 | 新开放服务部门 | 不做承诺 |
| 10. 摄影服务 | 在市场准入方面对提供模式 2 不再做限制 | 提供模式 1 和 2 不做承诺 |
| 11. 包装服务 | 在市场准入方面取消提供模式 1 和 2 的限制 | 提供模式 1 和 2 不做承诺 |
| 二、通信服务 | 在通信服务中新开放了快递服务，对境外消费不做限制；其他模式存在部分限制；在其他电信服务中增加了互联网接入服务、互联网语音协议服务、公共交换电话网络服务 | 对快递服务不做承诺 |
| 三、建筑及相关工程服务 | 承诺不变 | 承诺不变 |
| 四、分销服务 | 分部门佣金代理服务、批发、零售服务只对药品、医疗用品和保健用品的提供模式 1 进行限制，提供模式 2 不再受限制，同时新开放了特许经营服务 | 对模式 1 和模式 2 不做承诺，对特许经营服务不开放 |
| 五、教育服务 | 在教育服务中对高等教育和成人教育做出部分开放 | 不做承诺 |
| 六、环境服务 | 在排污水处理服务、废物处理服务、环境测试和评估服务中没有商业存在的限制，同时还开放了土壤修复和地下水净化服务、环境咨询服务 | 限制排污水处理服务提供商的数量为 25 个，废物处理服务、环境测试和评估服务有经济需求测试 |

续表

| 深化开放领域 | 韩国－东盟服务贸易协定 | 韩国在GATS中所做的承诺 |
|---|---|---|
| 七、金融服务 | 承诺不变 | 承诺不变 |
| 八、与健康有关的服务和社会服务 | 不做承诺 | 不做承诺 |
| 九、旅游服务 | 在导游服务的商业存在模式中做出完全开放承诺 | 在商业存在模式中，只允许旅行社提供导游服务 |
| 十、娱乐文化体育服务 | 新开放娱乐服务，在市场准入方面对提供模式1和2没有限制，对国民待遇的模式2没有限制 | 不做承诺 |
| 十一、运输服务 | 对运输代理服务的商业存在模式没有限制，对新开放船员和船舶租赁服务、拖驳服务、海运支持服务没有限制；对航空运输服务的计算机订票系统服务、市场营销服务的提供模式1没有限制，新开放飞机维修服务；新开放了铁路运输服务；新开放了管道运输服务；其他运输服务的商业存在不受限制 | 运输代理服务提供商必须建立股份制企业；对海洋运输和航空运输的部分服务不做承诺；对铁路运输不做承诺；其他运输服务的商业存在要求执照和地域限制 |

资料来源：笔者根据《韩国－东盟自由贸易区服务贸易协定》《韩国GATS具体服务承诺减让表》整理而得。

中国在GATS基础上，进一步向东盟国家开放建筑、环保、运输、体育和商务5个服务部门的26个分部门，主要是通过放宽商业存在提供方式的限制，允许在上述各部门设立独资或合资企业、放宽合资公司外资的股权占比。表4－3对中国在中国－东盟服务贸易协议中与在GATS中所做的承诺进行了比较。东盟十国也向中国开放了金融、电信、教育、旅游、建筑、医疗等服务。

**表 4－3　中国－东盟服务贸易协议承诺与中国在 GATS 中所做的承诺对比**

| 新开放领域 | 中国－东盟服务贸易协定 | 中国在 GATS 中所做的承诺 |
|---|---|---|
| 一、商业服务 | | |
| （一）计算机及相关服务 | 软件应用服务允许设立外资独资公司，对模式 4 除水平承诺外不做承诺 | 软件应用只允许合资，外资可拥有多少股权 |
| （二）房地产服务 | 允许设立外资独资公司，对模式 4 除水平承诺外不做承诺 | 高标准房地产项目不允许设立外商独资企业，以收费或合同为基础的房地产服务只能以合资形式，外资可以控股 |
| （三）管理咨询服务 | 允许设立外资独资公司 | 限于合资，外资可控股；“入世”6 年后，取消股权限制，可以设立独资子公司 |
| 二、建筑及相关工程服务 | 允许设立外资独资企业，外商独资企业只能承揽下列 4 种类型的建筑项目 | 只允许合营形式，外资可以控股；“入世”5 年后，才允许独资 |
| 三、环境服务 | 合资企业，允许外资拥有多数股权；允许设立外商独资企业 | 只允许外商占主要所有权的合资企业中的外国服务供应商提供服务 |
| 四、娱乐文化体育服务（视听服务除外） | 新开放部门，允许设立外资独资公司，必须进行经济需求测试 | “入世”未做承诺 |
| 五、运输服务 | 允许外国服务提供商在中国设立合资航空器维修企业；中方应在合资企业中控股或处于支配地位；允许设立公路运输独资子公司；允许有至少连续 3 年经验的外国货运代理在中国设立合资货运代理企业；允许设立外资独资子公司 | 在海运方面，仅允许设立合资企业，且外资股权不超过 49%；在公路货运方面，仅限合资，“入世”1 年后允许外资控股，3 年后允许独资；货运代理限于合资，“入世”1 年后允许外资控股，4 年后允许设立外资独资子公司 |

资料来源：张磊、王新奎《服务贸易自由化：中国“入世”后的新课题》，上海人民出版社，2008。

由于《日本－东盟经济伙伴关系协定》没有涉及具体的服务贸易承诺，因此笔者选取日本与东盟成员国之一的马来西亚签订的《日本－马来西亚经济伙伴关系协定》中的服务贸易合作内容进行比较(见表4－4)。日本在GATS基础上，向马来西亚进一步开放了商业服务、通信、建筑、健康、娱乐文化体育、教育、运输服务。从这些列表中可以发现韩国进一步承诺开放的部门最多，其次是日本，中国。

**表4－4　日本－马来西亚经济伙伴关系协定服务贸易承诺与日本GATS承诺比较**

| 深化开放领域 | 日本－马来西亚经济伙伴关系协定中的承诺 | 日本在GATS中所做的承诺 |
| --- | --- | --- |
| 一、商业服务 | | |
| (一)专业服务<br>法律服务、税务服务、建筑服务、工程服务、城市规划和园林建筑服务、医疗和牙科服务、兽医服务,助产士、护士、理疗医师和护理员提供的服务 | 新开放部门:在法律服务中,增加了司法文书、行政文书、社会保险和劳动咨询、土地房屋测量服务部门;城市规划和园林建筑部分服务;医疗和牙科服务;兽医服务;助产士、护士、理疗医师和护理员提供的服务。法律服务部门、税务部门允许专业公司作为提供商。建筑服务、工程服务对国民待遇方面没有限制 | 法律服务、城市规划和园林建筑服务分部门开放有限,法律服务仅允许具备相关从业资格的自然人提供服务;建筑服务、工程服务国民待遇方面某些提供方式只保持水平承诺;医疗和牙科服务、兽医服务,助产士、护士、理疗医师和护理员提供的服务不做承诺 |
| (二)研发服务 | 新开放部门:对自然科学、边缘科学研发服务开放 | 自然科学、边缘科学研发服务不做承诺 |
| (三)无操作人员的租赁服务 | 新开放部门:船舶租赁、航空器租赁 | 船舶租赁、航空器租赁服务不做承诺 |
| (四)其他商业服务 | 新开放部门:技术测试和分析服务,与农业、狩猎和林业有关的服务,与采矿业有关的服务,与制造业有关的服务,与能源分配有关的服务,调查和安保服务,其他服务CPC8709子部门的开放 | 对上述部门不做承诺 |

续表

| 深化开放领域 | 日本－马来西亚经济伙伴关系协定中的承诺 | 日本在GATS中所做的承诺 |
|---|---|---|
| 二、通信服务 | 新开放部门：快递服务、电报服务（仅对境外消费开放）、广播和电视服务、广播和电视传输服务；对电影放映服务提供模式1不做限制，仅对广播和电视服务、广播和电视传输服务提供模式2不做限制 | 快递服务、电报服务、广播和电视服务、广播和电视传输服务不做承诺，不允许电影放映的跨境交付模式 |
| 三、建筑和相关的工程服务 | 新的限制采矿服务，只允许具有日本法人资格的自然人提供商业存在服务 | 对采矿业没有做出商业存在模式的限制 |
| 四、教育服务 | 新开放了其他教育服务；在小学教育服务中，开放学前教育服务、儿童日托服务，且取消境外消费的限制 | 对其他教育服务不做承诺，小学教育对境外消费不做承诺 |
| 五、健康及相关服务 | 新开放部门：其他人类健康服务（包括医疗救护车服务、提供住宿的保健设施服务、血液收集服务）、社会服务；取消对社会服务境外消费限制，对外资参股没有限制 | 对其他人类健康服务、社会服务没有承诺 |
| 六、娱乐文化体育服务 | 取消了对娱乐服务、图书馆、档案馆、博物馆和其他文化服务的跨境交互模式的限制 | 除新闻机构服务外，对娱乐、文化和体育服务的跨境交付提供模式不做承诺 |
| 七、运输服务 | | |
| （一）海运服务 | 新开放部门：开放国际海洋运输的客运和货运服务的部分业务、船舶和船员的租赁、船舶维修和保养服务、海运支持服务。外资公司船队需悬挂日本国旗。外籍船员不能在悬挂日本国旗的船上工作 | 对国际海洋运输的客运和货运服务、船舶和船员的租赁、船舶维修服务、海运支持服务不做承诺 |
| （二）内陆水运服务 | 新开放部门：船舶维修和保养服务 | 不做承诺 |
| （三）航天运输服务 | 仅对航天运输的境外消费提供模式没有限制 | 不做承诺 |

续表

| 深化开放领域 | 日本－马来西亚经济伙伴关系协定中的承诺 | 日本在 GATS 中所做的承诺 |
|---|---|---|
| （四）铁路运输服务 | 新开放部门：货运、客运、推车和拖车服务，且仅对跨境交付模式不做承诺。对铁路运输的支持服务不做任何限制 | 对货运、客运、推车和拖车服务以及铁路运输的支持服务不做承诺 |
| （五）公路运输服务 | 新开放部门：客运服务，有提供模式1的限制，对供应商数量、操作数量和质量有限制要求；商用车辆和司机的租赁服务完全开放。对公路运输的支持服务开放，但对高速公路企业的执照有数量限制 | 对客运服务、商用车辆和司机的租赁服务、公路运输的支持服务不做承诺 |
| （六）管道服务 | 新开放部门：燃料传输服务 | 对燃料传输服务不做承诺 |
| （七）所有运输方式的辅助服务 | 新开放部门：货物装卸服务、货运代理服务 | 对货物装卸服务、货运代理服务不做承诺 |

资料来源：笔者根据《日本－马来西亚经济伙伴关系协定》服务贸易内容、《日本 GATS 具体承诺减让表》整理而得。

## 二　中日韩与东盟服务贸易协定规则、内容的比较

在开放水平上，中国、日本、韩国在 GATS 中做出的承诺水平远远高于东盟国家，由于各国的服务贸易发展水平不一致，在签订服务贸易协定时各国都是选择对自己感兴趣和非敏感的领域进行开放。通过对中国、韩国与东盟签订的服务贸易协定的比较发现，两者在制度安排、开放内容上具有共同点和差异性，具体体现在：第一，在制度安排的设计上基本遵从 GATS 的多边服务贸易协定的框架，包括定义和范围、义务和纪律、具体承诺和机构条款四个部分，并列出具体部门承诺水平清单。第二，由于东盟除了新加坡以外都是发展中国家，其服务业发展水平参差不齐，在承诺减让列表方式选择上都采用了“肯定列表”方式，

体现了发展中国家在服务贸易自由化进程中实施谨慎、逐步开放的原则。第三，中国—东盟服务贸易协定、韩国—东盟服务贸易协定都做出了超越 GATS 中的承诺水平，但从具体的开放部门来看，韩国在东盟贸易协定中的开放水平仍然高于中国。韩国对服务贸易的11 个大类都进行了深化和扩展性的开放，而中国只在5 个大类实施进一步开放。第四，在义务和纪律部分，最惠国待遇是多边服务贸易框架下的重要基石，而中国、韩国与东盟的服务贸易协定都没有按照 GATS 下的基本原则设立最惠国待遇原则，而东盟服务贸易协定中对成员国享受区域内的最惠国待遇条款进行了规定。由于东盟国家与中国、韩国服务贸易发展水平有较大差距，东盟成员国之间相互的深度开放互惠无需给予中国和韩国。第五，支持发展中国家更多的参与，对柬埔寨、越南、缅甸、老挝四个在服务贸易领域相对落后的国家秉承 WTO 有区别责任的原则，允许其根据自身实际情况开放较少的服务部门，逐步参与到服务贸易自由化道路上来。第六，区域服务贸易制度安排上的创新，相比 GATS 的制度框架，东盟和中国、韩国的区域服务贸易协定中增加了“合作条款”和“审议条款”，合作条款的制定体现了各成员国为了实现更大范围内开放的愿望。通过这种合作机制不仅可以深化现有开放部门的水平，还可以对没有列入廾放列表的部门进行合作讨论和研究，为在长期内实现自由化提供前期服务。“审议条款”规定了各成员国每两年对服务贸易协定进行审议，可就进一步实施服务贸易自由化开放程度、监督各成员国国内规制情况、有效执行合作条款等提供制度性保障。

对日本而言，日本 - 马来西亚经济伙伴关系中服务贸易合作采用的自由化方式是“肯定列表”。此外，日本在与东盟各成员国签订的服务贸易合作协定中都引入了“最惠国待遇条款”。

## 第三节　中日韩服务贸易开放水平

### 一　中日韩在GATS框架下开放水平量化分析

中国和韩国在GATS框架下服务贸易承诺的部门覆盖比率分别为62.5%和65.6%。日本在GATS框架下已经对114个分部门做出承诺，占所有160个分部门的71.2%，在三国中部门承诺覆盖率最大（见表4－5）。因此，就市场准入的承诺而言，日

**表4－5　中国、日本、韩国服务贸易承诺的部门覆盖率**

单位：%

| 部门 | 中国 | 日本 | 韩国 |
|---|---|---|---|
| 总体覆盖率 | 62.5 | 71.2 | 65.6 |
| 商业服务 | 67.4 | 73.9 | 84.8 |
| 通信服务 | 70.8 | 79.2 | 75.0 |
| 建筑及相关工程服务 | 100.0 | 100.0 | 100.0 |
| 分销服务 | 100.0 | 80.0 | 80.0 |
| 教育服务 | 100.0 | 100.0 | 40.0 |
| 环境服务 | 100.0 | 100.0 | 75.0 |
| 金融服务 | 70.6 | 100.0 | 82.4 |
| 健康服务 | 0.0 | 25.0 | 0.0 |
| 旅游服务 | 50.0 | 75.0 | 75.0 |
| 娱乐文化体育服务 | 0.0 | 80.0 | 20.0 |
| 运输服务 | 40.0 | 51.4 | 45.7 |
| 其他服务 | 0.0 | 0.0 | 0.0 |

注：GATS的服务贸易部门分类以《联合国中心产品分类系统》为基础，共包括12个部门和160个分部门。承诺的部门覆盖比率是指某一成员国对一个大部门做出承诺的分部门数与该部门的分部门总数之比。

资料来源：根据三国在GATS中服务贸易具体承诺减让表计算而得。

本的服务贸易自由化程度最高，其次是韩国和中国。对各具体部门而言,除了分销和商业服务部门外，多数部门的自由化程度也显示出日本最高。中国在分销服务部门承诺最高，在商业服务贸易的诸多分部门中，韩国的承诺覆盖率要高于日本和中国。

WTO 对服务贸易的承诺减让模式主要是通过两种方式来反映的，一个是“服务贸易减让表”，采用的是肯定列表的方式，即只对列入表中的部门进行承诺，里面对服务贸易部门的 160 个分部门按照服务贸易的四种提供模式进行承诺减让，没有列入减让表的服务部门则不做任何承诺，对发展中国家还设定了过渡期的减让时间表。具体的承诺减让主要是针对跨境交付、境外消费、商业存在和自然人移动四种方式消除在市场准入和国民待遇方面的贸易壁垒。为了体现承诺减让的程度，其对总体部门设定一个承诺水平，对各个分部门一般设定了三种承诺方式，根据开放程度分为“没有限制”“部分限制”“不做承诺”。二是“最惠国豁免清单”，虽然 GATS 的基本原则中包含了最惠国待遇原则，但实际上这是一种有条件的最惠国待遇，成员方可以把暂时不能给予最惠国待遇的特定措施列入豁免清单，同时也规定了豁免期限。

对服务贸易部门的分类，WTO 按照 MTN. GNS/W/120 的标准将服务贸易部门分成 12 个大类，在各个大类下又包含 160 个不同的分部门，其中商业服务包含 46 个分部门，通信服务包含 24 个分部门，建筑服务包含 5 个分部门，分销服务包含 5 个分部门，教育服务包含 5 个分部门，环境服务包含 4 个分部门，金融服务包含 17 个分部门，健康服务包含 4 个分部门，旅游服务包含 4 个分部门，娱乐文化体育服务包含 5 个分部门，运输服务包含 35 个分部门，剩下的就是其他服务。我们对中国在 WTO 具体承诺减让表中所涉及的服务部门进行了统计，中国对 9 个大类中的100个分部门进行了开放承诺，部门覆盖率达到62.5%。根据世界贸易组织秘书处的评估，中国是所有发展中国家做出开放程度最高的国家，在某些领域甚至超过了发达国家。在具体承诺部门中我国覆盖了建筑服务及相关工程服务、分销服务、教育服务、环境服务的所有分部门；在其他服务部门中商务服务31个，通信服务22个，金融服务12个，旅游服务2个，运输服务14个；没有做任何承诺的服务部门有60个，主要表现在商务服务15个，通信服务2个，金融服务5个，旅游服务2个，运输服务21个，其中对健康服务、娱乐文化体育服务、其他服务3个大类没有做任何承诺①。

但是行业覆盖率并不能充分说明GATS承诺下的自由化程度。服务贸易有四种服务提供模式。做出的承诺对一个服务提供方式的影响明显不同于承诺对所有服务提供模式的影响。当然也有承诺水平不同的原因，即出现无条件承诺、有条件限制的承诺和不予承诺的情况。因此，可以建立一个基于不同的服务提供模式和承诺水平得到的开放程度指数，来弥补行业覆盖率的不足。

为了综合分析中国、日本、韩国在GATS中具体贸易承诺的自由化程度，可以使用下面的研究方法。这种研究方法是由Belmrd Hoekman在1995年发表的《尝试性的第一步：关于乌拉圭回合贸易协议的评估》一文中提出的。Hoekman开创性地利用“频度指标法”对服务贸易壁垒进行测度，这种指标的设计是建立在WTO各组织成员在GATS中的服务贸易减让承

① 程大中：《中国服务贸易显性比较优势与“入世”承诺减让的实证研究》，《管理世界》2003年第8期。

诺表基础上的，它衡量的是各国关于 GATS 承诺的范围和自由化程度。

对于各个分部门，在市场准入和国民待遇方面对服务贸易的四种提供模式都进行了承诺，这些承诺分为三类：①没有对于该行业的限制；②存在一定程度的限制；③对该行业不予自由化承诺。为了构造服务贸易壁垒频度指标，对这三种承诺分别赋予权重，如果某一个部门的某种提供模式没有被限制，则赋值为 1，部分限制则赋值 0.5，不做承诺赋值为 0，Hoekman 将这些分值称为“开放/约束因子”。本书借鉴 Hoekman 的“频度指标”分析法对中日韩三国的分部门不同提供模式的开放水平进行测度（见表 4－6）。

**表 4－6　各部门分方式承诺的自由化频度指标**

| 统计项目 | 中国 | | | |
|---|---|---|---|---|
| | 模式 1 | 模式 2 | 模式 3 | 模式 4 |
| 商业服务 | 0.54 | 0.62 | 0.32 | 0.08 |
| 通信服务 | 0.38 | 0.63 | 0.31 | 0.06 |
| 建筑及相关工程服务 | 0.10 | 1.00 | 0.50 | 0.10 |
| 分销服务 | 0.54 | 1.00 | 0.50 | 0.10 |
| 教育服务 | 0.10 | 1.00 | 0.50 | 0.10 |
| 环境服务 | 0.50 | 1.00 | 0.50 | 0.10 |
| 金融服务 | 0.44 | 0.65 | 0.44 | 0.08 |
| 健康服务 | 0.00 | 0.00 | 0.00 | 0.00 |
| 旅游服务 | 0.50 | 0.50 | 0.25 | 0.05 |
| 娱乐文化体育服务 | 0.00 | 0.00 | 0.00 | 0.00 |
| 运输服务 | 0.19 | 0.26 | 0.12 | 0.05 |
| 其他服务 | 0.00 | 0.00 | 0.00 | 0.00 |
| 平均 | 0.36 | 0.54 | 0.28 | 0.06 |

续表

| 统计项目 | 日本 | | | |
| --- | --- | --- | --- | --- |
| | 模式 1 | 模式 2 | 模式 3 | 模式 4 |
| 商业服务 | 0.58 | 0.60 | 0.71 | 0.08 |
| 通信服务 | 0.79 | 0.79 | 0.50 | 0.08 |
| 建筑及相关工程服务 | 0.10 | 1.00 | 1.00 | 0.10 |
| 分销服务 | 0.26 | 0.80 | 0.80 | 0.08 |
| 教育服务 | 0.46 | 0.64 | 0.70 | 0.10 |
| 环境服务 | 0.10 | 1.00 | 1.00 | 0.10 |
| 金融服务 | 0.50 | 0.88 | 1.00 | 0.10 |
| 健康服务 | 0.03 | 0.25 | 0.13 | 0.03 |
| 旅游服务 | 0.40 | 0.75 | 0.75 | 0.08 |
| 娱乐文化体育服务 | 0.26 | 0.80 | 0.80 | 0.08 |
| 运输服务 | 0.19 | 0.49 | 0.36 | 0.05 |
| 其他服务 | 0.00 | 0.00 | 0.00 | 0.00 |
| 平均 | 0.44 | 0.66 | 0.63 | 0.07 |
| **统计项目** | **韩国** | | | |
| | 模式 1 | 模式 2 | 模式 3 | 模式 4 |
| 商业服务 | 0.70 | 0.73 | 0.74 | 0.08 |
| 通信服务 | 0.56 | 0.75 | 0.56 | 0.08 |
| 建筑及相关工程服务 | 0.18 | 1.00 | 0.50 | 0.10 |
| 分销服务 | 0.50 | 0.62 | 0.52 | 0.08 |
| 教育服务 | 0.12 | 0.30 | 0.20 | 0.04 |
| 环境服务 | 0.30 | 0.75 | 0.75 | 0.08 |
| 金融服务 | 0.16 | 0.14 | 0.41 | 0.08 |
| 健康服务 | 0.00 | 0.00 | 0.00 | 0.00 |
| 旅游服务 | 0.53 | 0.75 | 0.75 | 0.08 |
| 娱乐文化体育服务 | 0.02 | 0.20 | 0.20 | 0.02 |
| 运输服务 | 0.17 | 0.43 | 0.34 | 0.05 |
| 其他服务 | 0.00 | 0.00 | 0.00 | 0.00 |
| 平均 | 0.40 | 0.55 | 0.51 | 0.07 |

资料来源：由笔者计算而得。

对中日韩三国具体开放部门四种服务提供模式下的开放程度的频度指标进行比较发现，在平均水平上，日本在四种提供模式下的自由化程度最高，其次是韩国和中国。就具体的服务贸易部门来看：①在商业服务中，韩国开放程度最高，其次是日本和中国；②在通信服务中，日本开放程度最高，其次是韩国和中国；③在建筑及相关工程服务中，日本开放程度最高，中国和韩国的开放程度相近，主要在建筑业商业存在方式上对外资占比和独资公司进行了限制；④在分销服务中，中国的开放程度最高，其次是日本和韩国；⑤在教育服务中，日本的开放程度最高，其次是中国和韩国；⑥在环境服务中，开放程度最高的是日本，其次是中国和韩国；⑦在金融服务中，开放程度最高的是日本，其次是中国和韩国；⑧在健康服务中，开放程度最高的是日本，中国和韩国没有进行任何开放；⑨在旅游服务中，日本和韩国的开放程度几乎相同，也都高于中国；⑩在娱乐文化体育服务中，开放程度最高的是日本，其次是韩国，中国没有进行任何开放承诺；⑪在其他服务方面，三国都没有开放承诺。

## 二　中日韩服务贸易政策及国内规制

### （一）中国服务贸易国内规制

中国正在逐步开放服务部门的同时，虽然出于保护消费者的利益和稳定国内市场以及技术和国家安全的考虑，目前在服务部门仍有一些非歧视性的数量限制和例外措施，但中国将审查这些限制和例外，以便在适当的时候取消这些限制。

1. 商业服务

（1）法律服务。

中国正在逐步开放法律服务领域并在这方面取得巨大进展，

取消了对外国律师事务所的数量和地理限制；减少了对代表机构的代表执业年限的限制；设立外国律师事务所代表机构的申请可在9个月内获得批准；精简了行政管理部门，简化了注册手续。在法律服务领域，外国律师事务所的代表机构及其代表可从事5个相关业务并向它的客户收取服务费用，其主要限制包括：第一，不允许外国律师事务所从事与中国法律有关的业务；第二，不能从事诉讼业务；第三，不能聘请中国律师。

（2）会计服务。

通过中国注册会计师资格考试的外国人可获得国民待遇，可设立中外合资会计师事务所。外国会计师事务所可自由地选择合资伙伴,从事营利活动、税收和管理咨询服务。允许外资服务提供者为国内企业提供服务和管理咨询等。允许外商在企业服务管理咨询业的合资公司中占多数股权，允许外商在企业服务管理咨询业中建立全资子公司。

（3）广告服务。

2005年12月10日，中国政府履行了向世贸组织的承诺，全面开放中国广告市场，外资可以在中国开办独资广告公司，没有其他方面的限制。

2. 通信服务

（1）电信服务。

中国在开放电信服务方面做出了巨大努力，允许外国投资者在中国境内依法以中外合资的形式经营，提供各式各样的电信服务，包括国内及国际电话业务、移动网络电话和数据业务、寻呼业务以及诸如电子邮件、语音信箱、在线信息库存储和检索等增值电信业务。中国已完全取消了合资电信服务部门的地域限制。合资企业中允许外资所占的比例逐年增加，增值电信业务以及基础电信中的寻呼业务允许50%的外资比例，多数种类的基础电信业务允许外资的比例已占到49.0%。

（2）视听服务。

中国允许每年以分账形式进口20部国外电影。中国已经将电影院的建设和改造向外国投资者开放，外资所占的比例应小于49.0%。中国也已开放录像、录音产品的分销服务，允许在该领域内按规定设立合作企业。

3. 分销服务

根据中国入世承诺，中国已取消了对外资参与佣金代理及批发服务（盐及烟草除外）和零售服务（烟草除外）的地域、股权、数量限制；取消了对外资参与特许经营的所有限制；取消了对外资参与无固定地点批发或零售的所有限制。但销售多个供货商、不同种类和品牌的产品且分店数量超过30家的连锁店，若销售以下任何产品：粮食、棉花、植物油、食糖、书报杂志、药品、农药、农膜、成品油、化肥、指定的国有贸易产品，则不允许外资控股。2004年12月11日中国取消了对外商投资商业企业的设立形式、地域、股权、数量的限制，零售业向外资全面开放。

4. 建筑及相关工程服务

在建筑及相关工程服务领域，外商可以以多数股权的合资企业和外商独资企业的形式提供服务，根据规定，所有外国公司、企业以及其他经济实体或者个人都可以提供城市规划服务，但必须依法设立中外合资、中外合作或者外资企业，取得外商投资企业城市规划服务资格证书。此外，对外籍从业人员的技术资格认定和技术人员比例以及装备和工作场所做出相关规定。

5. 旅游服务

允许规模较大的外国旅游及旅行服务提供者以合资旅行社和旅游经营者的形式在中国政府指定的旅游度假区和北京、上海、广州和西安提供服务，并承诺在加入 WTO 后的 6 年内，将允许设立外资独资子公司，并取消地域限制。目前，合资旅行社、旅游经营者的设立必须满足以下要求：外方合资者全球年收入不得低于 4000 万美元，本地注册资本不得低于 50 万美元。

6. 金融服务

（1）银行服务。

2003 年 12 月，中国允许境外战略投资者按市场商业化原则，自愿入股中资金融机构，将单个外资机构入股的比例上限从原来规定的 15.0% 提高到 20.0%，多个外国投资者在同一家银行入股的合并比例为 24.9%，并且还将各种外资银行营运资本降低到不少于 1 亿元。

2006 年 12 月 11 日，《中华人民共和国外资银行管理条例》正式施行。中国银监会宣布外资银行可以在中国设立分支机构或代表处，并且可以为国内企业提供现金业务服务，取消了一切地域限制。

（2）证券服务。

中国同意自加入 WTO 起，允许外国服务提供者设立合资公司，从事国内证券投资基金管理业务。在证券服务领域，中国颁布了《合格境外机构投资者境内证券投资管理暂行办法》及其实施细则，规定了合格境外投资者的资格条件和审批程序、托管、登记和结算、投资运作、资金管理等具体事项。中国新修订的《合格境外机构投资者境内证券投资管理办法》，放宽了 QFII 的资格条件和资金进出锁定期，增加了 QFII 开户、投资等方面的便利，完善了QFII投资监管体系特别是信息披露制度。2006年2月1日，中国颁布实施《外国投资者对上市公司战略投资管理办法》，允许外国投资者对已完成股权分置改革的上市公司进行战略性投资。

（3）保险服务。

目前，保险业已经严格履行所有世贸承诺。除了外资保险公司不得经营机动车第三者责任险、外资设立寿险公司必须合资且股份比例不超过50%的限制外，保险业基本实现了全面对外开放，中国保险市场已顺利与国际接轨。

7. 运输服务

（1）海运服务。

在海运及其辅助业方面，经交通主管部门批准，外商可以依照有关法律法规投资设立中外合资经营企业、中外合作经营企业、外资企业，没有在中国境内设立的国外企业只能通过委托中国的国际船舶代理经营者提供相关服务。外国国际船舶运输经营者以及外国国际海运辅助企业，经国务院交通主管部门批准，可以依法在中国境内设立常驻代表机构。

（2）航空运输服务。

中国已经有效地改善了外国服务提供者进入航空运输业的市场准入机会。在航空运输服务领域，预定的国际航线的市场准入由双方签订的双边航空运输协定决定，非预定的国际航线市场准入需要根据中国市场的需要逐个确定。外国航空公司、保养与维修公司、飞机制造企业可在中国建立合资飞机维修与保养公司。中国允许外资在中国空运企业的投资比例上升至49.0%，但一家外商（包括其关联企业）投资比例不得超过25.0%。外商投资民航业的范围包括民用机场、公共航空运输企业、通用航空企业和航空运输相关项目。中国禁止外商投资和管理空中交通管制系统。外商投资民用机场，应由中国相对控股。

中国允许外国公民担任中国航空公司或中国民用机场企业总裁，指定的外国航空公司在遵守中国航空局规定的安全要求的条件下，可以租赁第三国的飞机和乘务人员在中国许可的航空服务业务中从事经营活动。

(3) 铁路输运服务。

从2002年12月12日开始，允许外资进入道路货物运输、搬运装卸、仓储和其他与道路运输相关的辅助性服务及车辆维修等道路运输领域。采用中外合资形式、由外商控股经营的中外合资道路运输企业，外商投资比例可达75.0%。外商投资道路运输企业的经营期限一般不超过12年，但投资额中有50%以上的资金用于客货运输站场基础设施建设的，经营期限可为20年。经营业务符合道路运输产业政策和发展规划，并且经营资质（质量信誉）考核合格的外商投资道路运输企业，经原审批机关批准，可以申请延长经营期限，每次延长的经营期限不超过20年①。

**（二）韩国服务贸易国内规制**

自1998年颁布《外国人投资促进法》以来，韩国对服务贸易部门的开放多采用负面列表的方式。根据这个法案，韩国政府每年都要公布所谓的“外商投资合并公告”，列出相关的受限制和禁止的外商投资行业和部门。由于韩国对有关外商投资的国内法律采用的是负面列表的方式，服务部门并没有明确地被排除在

① 《外商投资道路运输业管理规定》，《中华人民共和国对外贸易经济合作部文告》2001年第50期。

外商可投资领域。也就是说，对服务业外商投资的限制和服务业外商投资禁止性进入壁垒主要是韩国国内相关的法规①。

韩国对服务业的市场准入的国内规制主要涉及医疗、健康、通信、分销、教育、金融和运输服务部门。以下对各个部门的国内规制进行概述。

1. 商业服务

（1）法律服务。

目前韩国对律师资格证没有国籍限制，韩国人和外国人都能申请参加韩国的司法考试以取得律师执业资格。只有在韩国律师协会注册的律师才能够提供法律服务，可设立独资的律师事务所、合资法律公司、股份有限责任法律公司、有限责任合资律师事务所。

在第二轮多哈回合谈判中，韩国在具体承诺表中允许外国法律事务所建立代表处和开展营利活动，允许外国法律咨询师提供国际公共法和相关国家法律的咨询业务，但他们必须在相关国家取得正式的律师资格证。外国律师如果要在韩国从事国外法律咨询，则要求其必须具有在相关国家从事 3 年法律业务的经验。此外他们还需获得韩国司法部的批准并在韩国律师协会注册为外国法律咨询师。为了进一步开放韩国法律服务市场，韩国政府正在推进海外律师事务所在国内开展限定业务的方案，以此作为开放法律市场的第一个步骤。2007 年 7 月 17 日韩国司法部就《外国法律咨询师法》制定案进行了立法预告，其主要内容有允许外国律师等专门从事法律相关事务的外国人，以开展相关国家的法律咨询业务的“外国法律咨询师”

① 《中韩自贸区联合研究报告》。

的身份在国内工作，并允许海外律师事务所在国内设立“海外法律咨询事务所”。该法案仅适用于与韩国签署开放法律市场协议的美国等国家，如果目前推进的多哈发展议程（DDA）和韩国－欧盟自由贸易协定谈判达成妥协，对方国家就将自动成为上述法案的适用国家。

（2）会计服务。

在韩国的外国公民都能参加韩国注册会计师的考试，只有按照《注册会计师法》注册登记的会计师才能够提供会计和审计服务以及建立独资公司、审计工作组或者会计有限责任公司。在韩国的外国公民均可参加韩国注册税务师、执业律师和注册会计师的考试。然而，只有按照《注册税务师法》注册登记的税务师才可提供相关服务，建立独资公司、对账工作组、税务代理公司和有限责任公司。

（3）建筑服务。

依据韩国在WTO中的承诺，个人提供建筑服务必须在韩国建立办事处。国外建筑师允许和韩国建筑师合资提供建筑服务，通过一个简单的考试可以获得韩国建筑师执照。

（4）工程服务。

根据韩国在GATS中的具体承诺，韩国对工程服务没有市场准入的限制。根据有关法规，个人提供工程服务和工程合作服务需在韩国建立办事处。

（5）计算机及相关服务。

根据韩国在GATS中的具体承诺，韩国对计算机及相关服务贸易没有市场准入的限制。

（6）房地产服务。

根据韩国在GATS中的具体承诺，个人提供经纪人服务和评估服务需在韩国建立办事处，但在为政府机构的评估提供服务方面没有做出承诺，比如对土地价格的评估和征地补偿。

2. 通信服务

（1）邮政和快递服务。

在 WTO 承诺表中，韩国邮政保留对信件收集、处理、递送的专有权，但是允许私人快递公司提供商业文件服务。在国际快递服务承诺中，在跨境交付和商业存在方式上有市场准入和国民待遇的限制。

（2）通信服务。

韩国已经致力于全方位的电信服务，包括公共和增值服务，但在过境交付和商业存在提供方式中对公共基础通信服务有市场准入的限制。只有韩国法律下的法人才能被授予经营公共基础通信服务的执照，外国政府、外国人不能拥有该公司超过 49% 的股份。注册提供非公共基础电信服务的经营者也应是韩国的法人。目前，外国实体可以拥有非公共基础服务 100% 的股权，对增值服务部门没有限制。外国人不能以跨境交付的方式提供公共电信服务，但可以与在韩国拥有公共电信服务执照的企业进行商业合作。

3. 建筑和相关工程服务

根据韩国在 GATS 中的具体承诺，韩国对建筑和相关工程服务的所有服务贸易提供方式都做出了承诺，除了勘探工作外，规定外国人不得提供跨境交付服务。因此，外国提供商可在韩国建立独资企业，并可从事韩国本国企业能从事的相同业务。根据《建筑业基本法实施令（2007）》的规定，开展建筑业务的企业必须具备技术、资本、相关设施和设备的要求，同时还需在主管部门登记注册。

4. 分销业务

直到20世纪80年代末，分销行业还是韩国最封闭的行业。从20世纪90年代中期开始，分销行业发生了重大的转变，政府消除了一些对外国供应商的市场准入限制，特别是取消了对商店的数量和大小的所有限制，因而从1996年以后众多外国大型超市纷纷进驻韩国。根据韩国在GATS中的具体承诺，目前韩国对分销服务的限制非常少，对二手汽车和气体燃料的批发和零售服务需进行经济需求测试，药品、医疗用品、保健用品的贸易允许采用商业存在的方式进行。除了烟酒行业的销售外，对在韩国的特许经营没有限制。

5. 教育服务

在GATS承诺表中韩国没有对教育服务做出承诺，在多哈发展议程的服务贸易谈判中，韩国开放其部分高等及成人教育市场。获得教育部、科技部批准后的非营利性学校法人可建立高等教育机构，但外国董事在董事会成员中所占比例、校址的选择、医学和药理学的招生人数都将受到限制。在“首都圈”范围建立、扩建和转让高等教育机构也将受到限制。拥有学士学位和同等学力,以及移民局批准具有居住和营业许可的外国公民可以在私立成人教育机构中担任讲师，提供教育服务。

6. 环境服务

在GATS具体承诺表中，除了政府机构提供的服务外，所有的环境服务分部门都是开放的。外国服务提供商在以下相关行业需建立分支机构：污水处理服务、废物管理服务、空气污染治理服务、环保预防设施、环保影响评估、土壤及地下水治理服务、有毒化学品管制服务。环境服务提供者必须具备相关法律和法规条件下的营业执照和资格证书并对具体服务行业加以说明。

7. 金融服务

韩国加入 OECD 之后，韩国的金融服务发生了深刻的转变，政府消除了一些对外国供应商的市场准入限制。特别是在 20 世纪 90 年代末期的亚洲金融危机之后，韩国政府采取一些自主行动，开放金融服务市场，因而许多针对金融服务的限制性措施被消除，1999 年后大量外国投资进入韩国金融领域。

（1）银行业。

银行业的主要国内法规有商业银行监管和商业授权准则，开展新的商业银行业务通常需要其他监管部门的批准。在所有制结构方面,个人和企业单位只能够拥有和控制不超过 10% 的国有商业银行的股权。

（2）保险业。

原则上，外国服务提供商只能以商业存在的方式在韩国提供保险服务，但在海洋和航空运输方面可以按过境交付方式提供，对保险专业人员的雇用和外国高层管理人员的居住资格有所限制，同时，外国保险机构的建立和运作必须遵守韩国国内的相关法规。

（3）证券业。

外国证券机构在韩国提供证券服务只能通过商业存在的模式进行，其机构的建立和运作需符合证券业的相关国内法规。

8. 健康相关服务

（1）医疗服务。

医疗卫生从业人员必须获得相关大学的学位和国家颁发的从业资格证。国家卫生资格考试委员会是负责 20 个不同医疗卫生行业考试的主考部门。韩国没有签订关于医疗卫生从业人员的资格认证和行医执照的国际互认协定。但是，一些完成大学课程获得韩国卫生、福利和家庭事务部许可的从业人员可以参加国家的统一考试。外国从业人员是一个例外，可以在韩国的自由经济区提供医疗卫生服务并被认可外国医生执照和其他外国医疗许可证。

（2）健康服务。

健康服务同样受韩国卫生、福利和家庭事务部监管，根据医疗服务法，只有医疗卫生从业人员能够建立医疗机构。此外，医院是作为非营利性医疗机构来建立的，医疗收费受国民健康保险公司与卫生、福利和家庭事务部的监管。国外投资者可以在自由经济区建立综合性医院、医院、牙科诊所、医疗医院、药店从事赢利活动。除了药店，韩国人和外国人都可以在这些医疗机构接受医疗服务，国民健康保险计划不包括这一类的医疗检查和治疗。

9. 旅游服务

（1）住宿和餐饮业。

外国服务提供商可以通过商业存在的方式提供住宿和餐饮服务，可以建立独资企业，在国民待遇中没有任何歧视性限制，但不允许以过境交付的方式提供服务。根据相关的法规，旅游饭店和餐饮服务必须遵守相关注册标准。此外，服务提供商必须按照《食品卫生法》获得食品和饮用水服务的许可证才能运营餐饮业。

（2）旅行社、旅游经营者、导游服务。

外国提供商可以通过跨境交付和商业存在的方式提供旅行社、旅游经营、导游服务，对这些服务没有歧视性限制。旅行社和旅游经营必须符合《旅游振兴法（2007）》及实施令的注册标准，服务提供商必须为这些服务提供保险服务。个人对海外旅游提供导游服务必须符合《旅游振兴法实施办法》中的有关规定。

10. 娱乐文化体育服务

在第二轮多哈回合谈判中，韩国在具体承诺中只对艺术家和艺术团体的演出服务进行开放。外国人在韩国演出或者韩国邀请外国人在韩国演出必须获得韩国媒体评定委员会的批准。在新闻机构服务方面，对服务提供者有国籍限制，对外国服务提供商投资的股权占比有限制，对户外表演有限制等。国外新闻机构可以通过合同形式与在韩国注册的新闻机构合作提供新闻通讯。同时，没有对体育和娱乐服务领域进行开放，外商投资受到禁止。

11. 运输服务

（1）海运服务。

韩国对海洋运输的所有分部门都做出了承诺，是 WTO 成员中自由化程度较高的国家之一。然而，对外国提供商也还存在着一些限制，提供商要在韩国提供国际运输服务和国际海上货运服务，必须在韩国建立股份制公司，对船舶投资也必须组建股份制公司。此外，外国提供商不允许提供海上引航服务。

（2）航空运输服务。

韩国和很多国家都缔结了双边航空服务协定。在 GATS 具体承诺表中，对计算机订票服务、航空运输销售和营销服务、飞机维修和修理服务等都做出了承诺。同时，也对航空运输的操作、许可证和资格提出了相关要求。

（3）铁路运输服务。

过去，韩国政府是铁路运输服务的唯一提供商。但在第二回合多哈谈判的出价中对铁路客运和货运都进行开放。目前，获得陆地、运输、海洋事务部授权的法人可以对 2005 年 7 月 1 日后建成的铁路线提供服务。

（4）公路运输服务。

外国提供商可以在韩国通过商业存在的方式提供卡车货运服务，然而不允许以过境交付的方式提供服务。对外商投资卡车货运没有所有权的限制，只要求取得相关的许可证。

## （三）日本的服务贸易国内规制

### 1. 法律服务

日本目前对外国律师在日本提供国际法律服务设有多种限制。例如，对外国律师设立专业公司进行限制；对没有设立专业公司的外国律师不允许其在日本境内设立多个分支机构；申请外国法律顾问许可要求有三年执业经验，但未把该律师所有执业时间都计算在内，外国法律顾问新申请的注册程序过于冗长。日本法律和日本律师协会还对日本律师与日本境外律师合伙从事国际法律服务进行了限制。外国法律顾问目前尚不能提供非诉讼纠纷解决方式，并且不能在日本境内的国际非诉讼纠纷解决方式程序中代理当事人。

### 2. 港口装卸服务

日本的现行港运体制规定，外国船公司只有同特定的日本装卸公司建立长期合作关系才可以进入日本码头装卸服务市场。这一规定排斥了新从业者的加入并且增加了外国从业者的成本，因此目前在日本的大多数港口都没有从事装卸业务的外国公司。日本有关港口的法律法规对外国从业者进入日本市场形成了阻碍并且不够透明。

### 3. 海运服务

根据日本《船舶法》的有关规定，日本国内海运市场原则上只对日籍船只开放，虽然不限制外国企业对国内海运事业的直接投资,但必须在日本国内设立企业后方可进入该行业。

### 4. 邮政服务

日本内阁通过了邮政改革方案。根据改革方案，日本邮政分为保险公司、储蓄银行、邮递、邮局管理四大公司并实现民营化，但仍由日本政府控股1/3。日本邮政在民营化后仍维持政府持股，实际上是维持了日本邮政向来享受的日本政府优待，有可能妨碍同业者的公平竞争①。

5. 建筑服务

日本建筑业发达，却对国内建筑市场进行严格保护。目前日本大型建筑项目主要实行国内招标，只有园林、土建使馆、企业建筑等极少数项目实行国际招标且对外国投标者在施工时间、技术水平及人员等方面提出严格要求。日本出入境管理法禁止单纯劳务人员进入日本市场，只允许中标的外国建筑公司的管理和技术人员赴日。由于日本劳动力成本昂贵，分包商报价很高，因此大大提高了外国中标者在日本的施工成本，外国中标者常常只能被迫退标。

6. 旅游服务

日本的旅游服务业完全对外开放，除了《旅游业法》对外国人在日本兴建旅游设施有所限制外，在国民待遇和市场准入等方面几乎没有限制，国外公司或团体通过资格考试后便可开办旅行社。

① 《国别贸易投资环境报告》，http：//gpj. mofeom. gov. cn/static/column/d/cw. html/l。

# 第五章　中日韩区域服务贸易自由化贸易效应实证分析

随着服务业对一国经济增长、促进就业、提升制造业生产率的贡献逐步加大，它在国民经济中所扮演的角色越来越重要，占GDP的比重不断提高。特别是以信息技术为代表的新技术在服务行业的广泛运用，改变了服务业的生产和传输方式，降低了服务产品的生产成本。服务业技术进步导致服务产品可贸易性程度增强，许多原先不可贸易的服务转化为可贸易服务，使得国际服务贸易产品的种类增加、范围扩大，越来越多的服务如软件开发、教育、会计、动漫、管理咨询、数据处理、呼叫中心、信用卡结算等可以进行当地提供和异地消费，同时也促使了跨境交付、商业存在服务提供方式的贸易出口的增加，各国都根据自身的比较优势和成本差异提供服务产品。由于各个国家服务业发展水平的差异性，服务贸易开放水平也不同，各国在市场准入、国民待遇、服务业国内规制和监管方面存在着服务贸易壁垒，要实现服务贸易自由化，扩大服务贸易出口、建立区域性的服务贸易协定已成为多边服务贸易自由化进程受阻后的一个有益的补充。它避免了在GATS框架下多边贸易谈判中各国之间难以调和的矛盾，迎合了利益趋同国家之间进一步开放服务贸易领域和加强合作的需求，降低了谈判的成本，更容易在制度设定、开放领域、开放程度上达成一致性。

## 第一节　区域服务贸易自由化贸易效应实证模型

### 一　贸易效应的引力模型

最早将引力模型引入国际贸易领域并进行实证研究的是 Tinbergen（1962）和 Poyhonen（1963），他们建立了基本的计量模型从而为国际贸易的计量研究开创了新的方向。20 世纪 60 年代以后对引力模型的研究集中在对模型基本变量的设定和扩展上。早期的研究主要集中在距离和贸易关系的分析上。研究结果表明，总体说来，距离相近的国家间的贸易流量要高于相距较远的国家。Linnemann（1966）首先将人口作为变量加入模型，他采用了 GNP、人口、距离三个变量和一个虚拟变量经济区域建立计量模型分析了 1958 年 80 个国家和地区的贸易流量。实证结果是所有的变量统计上都是显著的，其中，GNP 和距离对贸易流量的解释力度最大。早期影响比较大的是 Aitken（1973）运用跨部门引力模型对欧盟内部双边贸易进行的估计。由于引力模型计量检验后对现实拟合程度较高并且能很方便地对各种参数做出经济解释，因此引力模型在很长一段时间内广为使用。20 世纪 70 年代以后，引力模型被大量应用于国际贸易研究中，研究者主要在原模型的基础上对变量进行重新设定。

但随着新古典经济学的兴起，反思经济学的微观基础成为经济学研究的主要命题之一，众多学者对引力模型提出了批评。批评者认为它缺乏经济理论依据，在对贸易效应的使用上根本没有考虑相关的经典理论，如比较优势、禀赋差异等。随后最早是由 Anderson

（1979）对引力模型的经济学理论基础进行了完善，他在阿民顿假定（Armington Assumption）前提下通过消费者选择求得均衡解，为引力模型理论基础的建立做出了较大贡献。另外，Helpman 和 Krugman（1985）在新贸易理论（Newer Theories of Trade，简称 NTT）框架中对引力模型的微观基础进行了相应的完善，影响较大。

引力模型的最初形式如 5－1 式，用于估计两国贸易流量与两国的经济规模及地理距离的关系，其中，$Y_{ij}$ 指国家 $i$ 到国家 $j$ 的贸易流量；$GDP_i$ 及 $GDP_j$ 表示两国的经济规模，是两国总需求规模的替代变量；$D_{ist}$ 是两国之间的地理距离，代表交易成本。随着引力模型的发展，影响国际贸易流量的其他变量，包括人均 GDP、人口、语言、共同边界、共同货币、殖民地关系等都纳入该模型的分析框架中①。

$$\ln Y_{ij} = \alpha_0 + \alpha_1 \ln GDP_i + \alpha_2 \ln GDP_j + \alpha_3 \ln D_{ist} + \varepsilon_{ij} \quad (5-1)$$

引力模型同样被用于分析国际经济一体化对国际贸易流量的影响，这就需要使用虚拟变量来拟合国际经济一体化的这种效应。在已有的研究文献中，许多学者出于不同的研究目的，在引入区域经济一体化这一虚拟变量时采用了不同的形式，第一种思路是将区域经济一体化作为一个虚拟变量来考察 RTA 的建立对双边贸易流的影响，比如 Frankel 等（1998）② 用了三个不同的区域贸易组织虚拟变量来估计它们对成员国的贸易创造效应，RTA 变量的系数为正表示区域经济一体化组织的建立会给成员国带来贸易创造效应。第二种思路是通过定义两个不同 RTA 虚

① Mordonu，"Measuring Trade Diversion the Case of Russian Exports in the Advent of EU Enlargement", *Working Paper*, United Nations University, 2006.

② Frankel, Jeffrey, Stein, Ernesto and Wei Shangjirl, "Continental Trading Blocs: Are They Natural or Super-natural?", in J. Frankel, ed., The Regionalization of the World Economy, University of Chicago Press, 1998.

拟变量来估计区域贸易组织对区域成员产生的贸易效应，其中一个 RTA 变量的赋值定义为当两个国家属于同一个区域经济一体化组织时为 1，否则为 0，估计的系数代表了贸易创造效应；另一个 RTA 变量的赋值定义为当一个国家属于一体化组织成员而另一个国家为非成员国时为 1，否则为 0，估计系数代表了贸易转移效应。如果这两个系数之和为正则表明区域经济一体化给成员国带来正的净贸易效应，否则表示产生负的净贸易效应。第三种思路是从单个国家的角度出发来估计区域经济一体化组织对某个成员国的影响。对 RTA 虚拟变量的赋值定义为如果考察国家与其他某个样本国家同属于这个区域经济一体化组织成员时为 1，否则为 0。为了测定贸易创造效应和贸易转移效应，需要建立一个进口模型和一个出口模型来分别反映贸易创造效应和贸易转移效应。此外，随着利用引力模型对区域经济一体化贸易效应的研究的发展，一些学者也从计量模型的角度对引力模型进行修正，考虑到面板模型中若采用不变系数固定效应模型不能反映时间变化因素的影响，在处理这一问题时会采用加入含有时期影响的变截距固定影响模型来反映区域经济一体化的动态贸易效应。

## 二　引力模型在服务贸易中的适用性

引力模型主要应用在货物贸易领域，随着对服务贸易研究的深入，引力模型也逐渐被应用于双边服务贸易流量的实证研究。服务贸易和货物贸易具有不同的特点，我们把引力模型应用于服务贸易主要基于两点原因：第一，研究主要是针对双边贸易流量的分析，引力模型中的变量作为一般影响因素同样适用于服务贸易。第二，在理论研究上，学者们认为有关货物贸易的理论如李嘉图比较优势理论、赫克歇尔—俄林理论以及基于不完全竞争和规模经济的新贸易理论对服务贸易同样具有适用性。因此对引力模型的应用不应局限于货物贸易，也同样适用于服务贸易。

从国外学者已有的研究来看，Grnnfeld 和 Moxnes（2003）①，Kimura（2003），Kimura 和 lee（2004）利用 OECD 建立的服务贸易数据库来估计影响双边服务贸易流的因素。Grtinfeld 和 Moxiqes（2003）利用引力模型对双边服务贸易和服务业 FDI 的决定因素进行了估计，他们的研究结果表明两国的经济规模正相关于服务贸易，两国之间的距离、进口国家的服务贸易壁垒与双边服务贸易额呈负相关关系。Kimura（2003）利用了一个标准的引力模型来估计日本和韩国建立 RTA 对两国之间的服务贸易流的影响。Kimura 和Lee（2004）选取了 OECD 中的 10 个国家作为母国和 47 个伙伴国进行双边服务贸易和货物贸易决定因素的比较分析。他们的研究结论得出：引力模型在服务贸易中的拟合程度比货物贸易更好，距离因素、经济开放程度对服务贸易的影响也比货物贸易更大，区域经济一体化对货物贸易和服务贸易都具有显著性影响。此外，为了检验贸易政策、共同文化背景等因素对服务贸易流的影响，一些学者开始对引力模型进行扩展，引入了自由贸易协定、市场规制、贸易壁垒、经济开放度、共同语言等虚拟变量。例如，Kox 和 Lejour（2005）把进口国的产品市场规制引入模型，结论表明不同国家的市场对产品的规制决定了服务贸易的流量。Lennon（2006）的研究认为，距离和边界对服务贸易的重要性少于货物贸易，而共同语言对服务贸易的影响更明显。

目前，国内学者将引力模型应用于服务贸易进行研究的不

① Grnnfeld, L. A. &A. Moxnes.,"The Intangible Globalization: Explaining the Patterns of International Trade in Service". Norwegian Institute of International Affairs, Oslo. Discussion Paper 657, 2003.

多。从已有的文献来看，主要有卢现祥、马凌远（2009），他们采用截面数据进行引力模型的最小二乘回归估计，来检验28个发展中国家对OECD发达成员国服务贸易出口流量的决定，进而通过估计系数估算中国对OECD国家的出口。其研究结果表明GDP、人口、距离、共同语言、贸易限制指数这五个解释变量显著，而区域贸易协定（RTA）和共同边界两个变量对服务贸易出口流量的影响不显著。许统生、黄静（2010）同样采用截面数据进行引力模型回归，他们的研究主要侧重于中国对世界服务贸易总额和中国服务贸易各部门对世界服务贸易的出口潜力估计，而不是双边服务贸易出口潜力估计，因此在模型中并没有引入区域贸易协定（IITA）作为解释变量。周利念（2010）则采用面板数据对中国的双边服务贸易流量的影响和出口潜力进行估计，模型中虽然也引入了虚拟变量区域贸易协定（RTA），但研究结果表明RTA解释变量不具有统计上的显著性。

从国内学者应用引力模型对服务贸易流决定的研究来看，卢现祥、马凌远（2009），周利念（2010）虽然都将区域贸易协定（RTA）作为虚拟变量引入模型，但实证结果表明RTA对双边服务贸易流的影响并不显著。主要原因在于他们研究的侧重点不一样，样本选择的差异会使区域贸易协定对服务贸易出口的作用显现不出来。比如卢现祥、马凌远（2009），选择的是28个发展中国家，周利念（2010）选择的是19个新兴市场发展中国家，这些样本的选择具有一定的局限性。第一，发达国家服务贸易的发展水平和贸易额都远远高于发展中国家，由于样本中不包括发达国家，因此其样本的服务贸易出口额占世界贸易出口总额的比重小，样本的代表性不够。第二，服务贸易协定在发达国家中签订的次数比较多，服务贸易合作时间也比较早，而发展中国家的区域服务贸易协定实施时间较短，与发达国家签订的服务贸易协定不多。因此，没有包括发达国家之间签订服务贸易协定很有可能会使得RTA这一变量不显著。本书研究的重点在于分析服务贸易的区域合作对双边服务贸易流量的影响，从而估算中日韩实施服务贸易协定对三国服务贸易出口的潜力。因此在样本选择上囊括了服务贸易出口排名前30位的国家，这些国家既包括发达国家，也包括服务贸易发展水平相对较高的发展中国家和新兴市场国家，同样也包含了我们的主要研究对象中国、日本、韩国。这些国家的服务贸易出口额占世界服务贸易出口总额的80%以上，具有充分的代表性。此外，这些国家之间签订的服务贸易协定也包括了世界上三大区域贸易协定，即欧盟、北美自由贸易区、东盟。鉴于以上两点，笔者选择2008年服务贸易出口额排名前30位的国家作为样本，以期为研究内容提供较为合适和准确的样本数据。

## 第二节　中日韩服务贸易效应实证分析

### 一　计量模型设定

引力模型在贸易流量研究中的基本形式可表示为：

$$T_{ij} = \frac{AG_iG_j}{D_{ij}} \tag{5-2}$$

为了进行实证研究，通常将原引力模型进行自然对数线性化建立计量模型，得到的表达式为：

$$\ln T_{ij} = \beta_0 + \beta_1 \ln G_iG_j + \beta_2 D_{ij} + \varepsilon_{ij} \tag{5-3}$$

根据本书的研究目的，在基本的计量引力模型中加入了人均

**GDP、区域服务贸易协定、经济自由度解释变量，并对其进行了扩展和修正，得到新的方程表达式为：**

$$\ln EX_{ij} = \beta_0 + \beta_1 \ln GDP_i + \beta_2 \ln GDP_j + \beta_3 \ln AVGDP_i + \beta_4 \ln AVGDP_j + \beta_5 \ln DIS_{ij} + \beta_6 RTA_{ij} + \beta_7 EFW_i + \beta_8 EFW_j + \varepsilon_{ij} \quad (5-4)$$

其中被解释变量 $EX_{ij}$ 表示 $i$ 国对 $j$ 国的服务贸易出口额，$GDP_i$、$GDP_j$ 表示 $i$ 国和 $j$ 国的国民生产总值，它反映了两国之间的经济规模总量，GDP 越大，在一定程度上表明潜在的市场也越大，$\beta_1$ 和 $\beta_2$ 的预期符号为正。$AVGDP_i$ 和 $AVGDP_j$ 表示 $i$ 国和 $j$ 国的人均 GDP，它反映了出口国和进口国的经济发展水平，经济发展水平越高，其服务业发达程度也越高，相应的服务提供能力也越强，$\beta_3$ 和 $\beta_4$ 的预期符号为正。$DIS_{ij}$ 表示两国之间的物理距离，用它来替代服务贸易成本，$\beta_5$ 的预期符号为负。$RTA_{ij}$ 表示两国都同属于某个自由贸易区，它反映两国之间的优惠贸易协定会促进双边的服务贸易合作，加强彼此间的服务贸易出口和进口。$RTA_{ij}$ 被定义为虚拟变量，当 $i$ 国和 $j$ 国之间都签订自由服务贸易协定时，给其赋值 1；当 $i$ 国和 $j$ 国没有签订自由服务贸易协定时，赋值为 0，$\beta_6$ 的预期符号为正。在引力模型的扩展中，学者们常常会引入一些影响贸易流的“促进因子”或“阻力因子”，如贸易开放度、服务贸易限制指数（TRI）。Grnnfeld 和 Moxnes（2003），卢现祥和马凌远（2009）在模型中都引入了服务贸易限制指数，这一指数是由澳大利亚生产委员会开发和编制的，但这一指数只测度了 34 个国家的服务市场规制和保护，而且只涉及 6 个服务部门，没有把所有的服务部门包括在内。因此在本书中，我们采用了一个反映经济自由化的指数（EFW）来替代一国服务贸易的开放程度，$EFW_i$，$EFW_j$ 分别表示 $i$ 国和 $j$ 国的世界经济自由化指数（EFW）[①]，它是由加拿大的 Fraser 研究机构编制出版的。这个指数从政府管理，法律结构和私有权的安全性，国际贸易自由化，信用、劳动力和商业规则五个领域综合度量了一国经济自由化程度。该指数自 1996 年出版以来，被学者们广泛应用于检验经济自由程度对一国经济增长、收入水平、生活质量的研究。我们将这一指数应用于引力模型来估计经济自由化程度对服务贸易出口的研究，$\beta_7$ 和 $\beta_8$ 的预期符号为正。

## 二　样本选取

本书选取 2008 年服务贸易出口额世界排名前 30 位的国家和地区作为出口方样本，因为这 30 个国家和地区的服务贸易出口额占世界服务贸易出口总量的84%，具有较好的代表性。这30 个出口样本国家和地区分别是美国、英国、德国、法国、中国、日本、西班牙、意大利、印度、荷兰、爱尔兰、中国香港、比利时、韩国、瑞士、新加坡、丹麦、瑞典、卢森堡、加拿大、奥地利、希腊、俄罗斯、挪威、澳大利亚、波兰、土耳其、中国台湾、泰国、马来西亚。以上出口方的贸易伙伴则选取服务贸易进口额世界排名前30位的国家和地区，分别是美国、德国、英国、日本、中国、法国、意大利、西班牙、爱尔兰、韩国、荷兰、印度、加拿大、比利时、新加坡、俄罗斯、丹麦、瑞典、泰国、澳大利亚、中国香港、挪威、巴西、奥地利、卢森堡、瑞士、中国台湾、波兰、马来西亚、墨西哥。因此，本书的理论样本观测容量为 900 =（30 × 30），

---

① 世界经济自由化指数（EFW）来源于网站：http：//www. freetheworld. com/release. html。

由于部分国家和地区的统计数据缺失，实际样本观测值只有872。

选择以上30个出口样本国家和地区作为研究对象主要是由于以下几个原因：①这30个国家和地区的服务贸易出口额占世界服务贸易出口总额的84%，将它们作为样本具有较好的代表性。②这些国家和地区的分布遍及欧洲、美洲、大洋洲、亚洲，涵盖了欧盟、北美自由贸易区、东盟主要自由贸易区，有助于反映RTA的建立对服务贸易出口的影响。③中国、日本、韩国三国的主要出口目的地为美国、欧盟和东盟国家，以上出口伙伴国的选取也有利于对中国、日本、韩国三国服务贸易出口潜力做出估计。

## 三　数据来源

2008年样本中30个出口国及30个伙伴国的双边服务贸易出口额主要来自经济合作与发展组织（OECD）服务贸易数据库[①]，这个数据库从2002年开始编制并出版，统计了自1999年以来，OECD组织中34个成员国的服务贸易进出口额、双边服务贸易进出口额、各服务贸易分部门的双边进出口贸易额，是所有经济组织中统计最为详细、内容最多的数据库。在我们选定的30个样本国家和地区中，有20个国家和地区对其他国家的双边服务贸易出口额可从该数据库中直接获得，还有另外10个样本国家和地区的双边服务贸易出口额可从该数据库中贸易伙伴国的进口统计数据中间接获得。此外，对于一些国家数据的缺失，我们还利用欧盟服务贸易数据库，美国国家经济研究局服务贸易统计数据，新加坡、澳大利亚国家服务贸易统计数据进行了补充。

---

① 经济合作与发展组织（OECD）服务贸易数据库：http：//stats. oecd. org/index. aspx?

GDP 和人均 GDP 数据均来源于国际货币基金组织《世界经济展望》数据库[①]。贸易伙伴国之间的物理距离主要通过网站 http://www.distancefromto.net 中的软件进行测算获得，测算的是两国首都之间的距离。代表服务贸易协定的 RTA 虚拟变量可通过世界贸易组织（WTO）区域贸易协定统计数据库获取[②]。经济自由度指数 EFW 可从网站 http://www.freetheworld.com/release.html 上获取。

### 四　计量方法

本书利用 Eviews 6.0 软件，运用最小二乘法对截面数据进行多元线性回归分析，鉴于所使用的样本为单一时点的截面数据，模型不存在序列相关问题。对引力模型进行自然对数线性转化，可消除原模型存在的异方差问题。

## 第三节　引力模型回归结果与分析

### 一　实证过程

表 5－1 的回归结果显示，在基本引力回归模型中，GDP、人均 GDP 和距离 DIS 解释变量都通过了显著性检验。在扩展回归方程（2）中，解释变量 GDP、距离变量 DIS、经济开放度 EFW 变量的 $t$ 值较大，在 1% 显著性水平下通过了显著性检验，服务贸易协定 RTA 变量也在 5% 显著性水平下通过了显著性检

① 世界货币基金组织，《世界经济展望》数据库，http://www.imf.org/exte rflal/data.htm。

② 世界贸易组织（WTO）区域贸易协定数据库，http://rtais.wto.org/UI/PublicMaintainRTAHome.aspx。

验，但是人均 GDP 变量的回归系数并不显著。我们采用“后向法”对解释变量进行删除，即将 $t$ 统计量最小的变量从总体方程中删除,然后再对剩下的解释变量进行回归。如果仍然有变量不显著，再继续删除，接着对剩余解释变量进行回归，直到所有变量通过显著性检验。因此我们将人均 GDP 变量删除得到修正后的扩展回归方程（2），实证结果显示，解释变量 GDP、距离变量 DIS和经济开放度 EFW 在 1% 显著性水平下通过显著性检验，服务贸易协定 RTA 变量也在 5% 显著性水平下通过显著性检验。

**表 5－1　引力模型回归结果**

| 变量 | 基本回归方程 | 扩展回归方程(1) | 扩展回归方程(2) |
| --- | --- | --- | --- |
| 常数项 | －1.914**<br>(－2.046) | －7.750***<br>(－8.645) | －8.405***<br>(－10.324) |
| $\ln GDP_i$ | 0.551***<br>(16.092) | 0.618***<br>(20.467) | 0.619***<br>(20.577) |
| $\ln GDP_j$ | 0.619***<br>(17.767) | 0.705***<br>(22.758) | 0.705***<br>(22.833) |
| $\ln AVGDP_i$ | 0.298***<br>(6.781) | －0.032<br>(－0.679) | — |
| $\ln AVGDP_j$ | 0.295***<br>(6.867) | －0.081<br>(－1.717) | — |
| $\ln DIS_{ij}$ | －0.618***<br>(－15.706) | －0,742***<br>(－17.216) | －0.685***<br>(－15.964) |
| $RTA_{ij}$ | — | 0.198**<br>(2.100) | 0.301**<br>(3.099) |
| $EFW_i$ | — | 0.831***<br>(11.565) | 0.816***<br>(13.748) |
| $EFW_j$ | — | 0.914***<br>(12.075) | 0.833***<br>(13.820) |
| 调整后 $R^2$ | 0.521 | 0.639 | 0.641 |
| $F$ 统计值 | 174.28 | 177.16 | 238.19 |

注：括号内为 $t$ 统计值，*** 表示回归结果在 1% 显著性水平下显著，** 表示回归结果在 5% 显著性水平下显著，* 表示回归结果在 1% 显著性水平下显著。

从扩展方程（2）的实证结果中发现，解释变量估计系数的符号和预期的符号相一致，出口国和进口国的CDP与服务贸易出口额高度正相关，表明出口国和贸易伙伴国的经济规模对双边服务贸易流量具有重要的影响。出口国国内生产总值对服务贸易出口的弹性为0.619，GDP每增长1%，服务贸易出口额增长0.619%。进口国国内生产总值对服务贸易出口的弹性为0.705，GDP每增长1%，服务贸易出口额增长0.705%。距离变量DIS对服务贸易出口的弹性为-0.685，两国之间的距离每增加1%，服务贸易出口将减少0.685%，这表明若以距离替代的贸易成本高，服务贸易出口就会随之下降。经济自由度EFW解释变量也与服务贸易出口高度相关，其估计系数值在所有系数中最大，说明出口国和进口国的服务贸易部门越开放，国内规制限制越少，对贸易流量的影响越突出，有利于促进双边服务贸易出口的增长。

从实证结果中可以得到本书研究的一个重要结论。该模型中解释变量服务贸易协定RTA通过了显著性检验，而且估计系数符号为正，与预期相一致，这一结果与卢现祥、马凌远（2009）和周利念（2010）的研究结果相反，表明两个国家签订的服务贸易协定会对服务贸易出口流量产生正相关效应，意味着当建立区域性服务贸易安排时，服务贸易壁垒的减少、交易成本的降低、服务贸易领域开放程度的加深会给各国带来贸易创造效应。由于服务贸易协定可以为服务贸易创造效应，我们可以通过该模型对中日韩自由贸易区建立服务贸易自由化对中日韩贸易的影响进行模拟，进而对这三个国家的服务贸易潜力做出估计。

## 二　中日韩服务贸易潜力估计

### （一）服务贸易潜力评价标准

对中日韩服务贸易潜力进行估计，主要是利用上面得到的结论，分析中日韩三国签订服务贸易协定会对三个国家的服务贸易出口潜力带来什么样的影响。笔者已通过上述实证方法估计出引力模型解释变量的系数，在此基础上代入相关解释变量的实际值对服务贸易出口值进行模拟预测，将预测值与一国的实际服务贸易额进行比较，如果得到的比值大于1，即预测值大于实际值，表明现有的贸易水平不足，出口潜力还有扩展的空间；如果得到的比值小于1，即预测值小于实际值，表明现有的贸易水平过度。

根据服务贸易出口预测值与实际出口值的比值，可将双边贸易伙伴关系分为三种形式。

一是潜力再造型贸易伙伴。当服务贸易出口预测值与实际服务贸易出口额比值小于或等于0.80时，说明目前两国的服务贸易出口过度，进一步发展的潜力比较小。

二是潜力开拓型贸易伙伴。当服务贸易出口预测值与实际服务贸易出口额比值为0.80～1.25时，表明目前两国服务贸易出口在现有的决定因素下处于较为正常的状态，可以通过双边服务贸易的进一步自由化继续扩展两国出口，出口潜力还有提升的空间。

三是潜力巨大型贸易伙伴。当服务贸易出口预测值与实际服务贸易出口额比值大于或等于1.25时，表明两国服务贸易出口不足，有巨大的发展潜力。建立区域性的服务贸易制度安排，加强服务贸易合作，相互削减服务贸易壁垒，提高开放程度会进一步扩展两国在服务贸易上的发展空间①。

### （二）中国、日本、韩国服务贸易出口潜力测算

通过对以上引力模型中服务贸易出口决定的估计，我们将采用

① 刘青峰、姜书竹：《从贸易引力模型看中国双边贸易安排》，《浙江社会科学》2002年第6期。

表5－1中修正后的扩展回归方程（2）对中日韩三国之间的服务贸易出口潜力进行模拟。以下为服务贸易出口潜力估计的经验方程。

$$\ln EX_{ij} = -8.405 + 0.619\ln GDP_i + 0.705\ln GDP_j - 0.685\ln DIS_{ij} + 0.300RTA_{ij} + 0.816EFW_i + 0.833EFW_j \quad (5-5)$$

1. 中国对日本和韩国服务贸易出口潜力估计

通过表5—2可发现，若中日韩建立自由贸易区，签订相关的服务贸易协定，2008年中国对日本的服务贸易出口潜力预测额与出口实际额的比值为1.23，其值范围为0.8～1.25。对中国而言，日本属于服务贸易出口潜力开拓型贸易伙伴，说明中国对日本的服务贸易出口还有进一步扩大的空间。中国对韩国的服务贸易出口实际额与出口潜力预测额的比值为0.79，其值小于0.8，可见韩国属于中国服务贸易出口潜力再造型贸易伙伴，表示中国对韩国的服务贸易出口处于“贸易过剩”的状态，可以通过开放更广泛的服务贸易领域，加强双边的服务业对外直接投资来促进服务贸易进一步发展。

**表5－2 2008年中国－日本、中国－韩国服务贸易出口潜力估计结果**

| 2008年中国向日本服务贸易实际出口额（百万美元） | 中国GDP（十亿美元） | 日本GDP（十亿美元） | 中国与日本距离（公里） | 假设中日韩RTA建立 | 中国经济自由度指数EFW | 日本经济自由度指数EFW | 中国向日本服务贸易出口潜力预测（百万美元） | 预测值/实际值 |
|---|---|---|---|---|---|---|---|---|
| 10841 | 4519.15 | 4879.84 | 2094 | 1 | 6.65 | 7.46 | 13405 | 1.23 |
| **2008年中国向韩国服务贸易实际出口额（百万美元）** | **中国GDP（十亿美元）** | **韩国GDP（十亿美元）** | **中国与韩国距离（公里）** | **假设中日韩RTA建立** | **中国经济自由度指数EFW** | **韩国经济自由度指数EFW** | **中国向韩国服务贸易出口潜力预测（百万美元）** | **预测值/实际值** |
| 7771 | 4519.15 | 931.41 | 953 | 1 | 6.65 | 7.28 | 6153 | 0.79 |

资料来源：将中日、中韩样本数据代入出口潜力估计经验方程后获得的预测结果。

2. 韩国对中国和日本服务贸易出口潜力估计

通过表 5－3 可发现，若中日韩建立自由贸易区，签订相关的服务贸易协定，2008 年韩国对中国的服务贸易出口潜力预测额与出口实际额的比值为 0.67，其值小于 0.8，可见韩国属于中国服务贸易出口潜力再造型贸易伙伴，表示韩国对中国的服务贸易出口处于“贸易过剩”的状态。通过表 5—2 和表 5—3 的结果可发现，中国和韩国之间服务贸易出口潜力都出现“贸易过剩”的形势。这表明在现有的两国服务贸易自由化程度下，服务贸易部门存在的贸易壁垒、国内规制以及本身服务贸易部门的发展水平限制了双边的服务贸易出口，使得服务贸易出口的潜力并没有得到充分释放。韩国对日本的服务贸易出口潜力预测额与出口实际额的比值为 1.38，其值大于 1.25，对韩国而言，日本属于服务贸易出口潜力巨大型贸易伙伴，说明韩国对日本的服务贸易出口不足，两国之间服务贸易出口存在巨大的发展空间。

**表 5－3　2008 年韩国－中国、韩国－日本服务贸易出口潜力估计结果**

| 2008 年韩国向中国服务贸易实际出口额（百万美元） | 韩国 GDP（十亿美元） | 中国 GDP（十亿美元） | 韩国与中国距离（公里） | 假设中日韩 RTA 建立 | 韩国经济自由度指数 EFW | 中国经济自由度指数 EFW | 韩国向中国服务贸易出口潜力预测（百万美元） | 预测值/实际值 |
|---|---|---|---|---|---|---|---|---|
| 10450.9 | 931.41 | 4519.15 | 953 | 1 | 7.28 | 6.65 | 6978 | 0.67 |
| 2008 年韩国向日本服务贸易实际出口额（百万美元） | 韩国 GDP（十亿美元） | 日本 GDP（十亿美元） | 韩国与日本距离（公里） | 假设中日韩 RTA 建立 | 韩国经济自由度指数 EFW | 日本经济自由度指数 EFW | 韩国向日本服务贸易出口潜力预测（百万美元） | 预测值/实际值 |
| 9518.9 | 931.41 | 4879.84 | 1153 | 1 | 7.28 | 7.46 | 13218 | 1.38 |

资料来源：将韩中、韩日样本数据代入出口潜力估计经验方程后获得的预测结果。

3. 日本对中国和韩国服务贸易出口潜力估计

通过表 5-4 可发现，若中日韩建立自由贸易区，签订相关的服务贸易协定，2008 年日本对中国、韩国服务贸易出口潜力预测额与出口实际额的比值分别为 0.89、1.23，其比值范围都为 0.8～1.25。对日本而言，中国和韩国都是其服务贸易潜力开拓型贸易伙伴，表明日本对中国和韩国的服务贸易出口已初具规模，其服务贸易部门具备的竞争力和发展水平为日本的服务贸易出口打开了市场,日本可在此基础上继续拓展双边服务贸易合作领域，加大服务贸易开放力度，促进其服务贸易出口的进一步发展。

**表 5-4　2008 年日本-中国、日本-韩国服务贸易出口潜力估计结果**

| 2008 年日本向中国服务贸易实际出口额（百万美元） | 日本 GDP（十亿美元） | 中国 GDP（十亿美元） | 日本与中国距离（公里） | 假设中日韩 RTA 建立 | 日本经济自由度指数 EFW | 中国经济自由度指数 EFW | 日本向中国服务贸易出口潜力预测（百万美元） | 预测值/实际值 |
|---|---|---|---|---|---|---|---|---|
| 14700 | 4879.84 | 4519.15 | 2094 | 1 | 7.46 | 6.65 | 13138 | 0.89 |
| **2008 年日本向韩国服务贸易实际出口额（百万美元）** | **日本 GDP（十亿美元）** | **韩国 GDP（十亿美元）** | **日本与韩国距离（公里）** | **假设中日韩 RTA 建立** | **日本经济自由度指数 EFW** | **韩国经济自由度指数 EFW** | **日本向韩国服务贸易出口潜力预测（百万美元）** | **预测值/实际值** |
| 9719 | 4879.84 | 931.41 | 1153 | 1 | 7.46 | 7.28 | 10938 | 1.23 |

资料来源：将日中、日韩样本数据代入出口潜力估计经验方程后获得的预测结果。

# 第六章　中国参与中日韩服务贸易合作的战略选择

## 第一节　制度安排上采用“肯定列表”的承诺模式

在区域服务贸易协定中，对服务贸易开放的承诺方式主要有两种——“肯定列表”和“否定列表”。肯定列表只对采取承诺的部门清单具有约束性，没有列出的部门的开放水平则存在很大的不透明性。相比之下，否定列表在机制上保证了服务贸易承诺的稳定性，只对采取限制性措施和不做承诺的部门进行列表，具有荆棘作用，一旦承诺，之后的否定列表中的承诺水平则不能弱于现有的水平。可以说否定列表在一定程度上反映了成员国推进服务贸易自由化进程的决心和积极态度。各国在参与区域服务贸易合作时，会针对伙伴国的服务贸易发展水平在制度安排上采用不同的承诺模式。

中国在已签订的服务贸易协定中都采用“肯定列表”开放承诺模式；日本与新加坡、马来西亚、菲律宾等东盟国家采用的是“肯定列表”，与墨西哥、智利采用的是“否定列表”；韩国与新加坡、智利采用的是“否定列表”，与欧盟采用的是“肯定列表”。从韩国和日本在区域服务贸易协定中对否定列表的采用，可以发现日韩都具备进一步积极推进自身服务贸易自由化水平的能力，这也和日本、韩国的服务贸易部门的国际竞争力较强有关。而中国服务贸易部门的竞争力，特别是新兴服务贸易部门的竞争力较弱，中国在承诺模式上一般采用较为审慎、保守的肯定列表承诺模式。因此中国在参与中日韩服务贸易合作中，在制度安排设定中可积极与日韩进行谈判和斡旋，继续采用“肯定列表”的方式。

## 第二节　采用“深化”服务贸易自由化水平的方式

服务贸易总协定（GATS）第二部分第五条对成员方签订区域服务贸易协定做出规定，要求区域服务贸易协定满足两个条件：涵盖众多服务部门；取消现有歧视性措施或禁止新的或更多的歧视性措施。也就是说，成员方要在区域服务贸易协定中，从范围和深度上对服务贸易部门做出比在GATS承诺中更高的水平。在GATS服务贸易自由化承诺中，中国的承诺水平仅次于日本，也是做出部门减让最多的发展中国家。我国服务贸易水平开放较高的这一事实并非因为我国的服务业具备了较强的竞争优势，其开放的动因主要有两点。第一，我国服务业存在自然垄断、生产效率低、服务质量不高的状况，满足不了经济发展的长期需要，希望通过引入更多的市场参与者，加强行业竞争，为制造业和消费者带来高质量、高效率的服务产品，同时促进国内服务业水平的提高。第二，我国加入WTO较晚，可以说承诺较高的服务贸易开放水平也是我们交纳的昂贵入门费。国内学者盛斌

（2002）、程大中（2003）对我国具体服务贸易减让的动因进行了研究，他们对我国服务贸易部门开放水平和具体部门的比较优势进行了回归分析，发现我国的服务贸易承诺水平和部门比较优势并没有明显的相关关系，而与其他国家的具体承诺存在正相关关系。这说明我国服务贸易减让承诺是建立在部门对等原则下讨价还价的基础上的。这种非竞争优势原因主导的高水平的开放承诺也随时考验着我国服务贸易部门承受冲击和压力的能力。

区域服务贸易协定成员方在做出高于 GATS 服务的承诺时，主要通过扩展新的开放部门和深化部门自由化程度两种方式对服务贸易自由化水平进行提升。通过中国签订的区域服务贸易协定可以发现，中国更倾向于部门深化，主要是通过放宽对商业存在提供方式的限制，允许在上述各部门设立独资或合资企业，放宽合资公司外资的股权占比。中国已在较多部门做出开放承诺，相比之下，对已有开放部门的进一步深化有利于我国有选择性地引入国外资本。

## 第三节　服务贸易合作部门的选择

### 一　中日韩具有共同深化合作意愿的部门

#### （一）运输服务

第三章对中日韩服务贸易部门的国际竞争力进行了分析，可以发现在运输行业，韩国保持着强劲国际竞争力，其次是日本和中国。中日韩三国的货物贸易往来频繁，中国已成为日本和韩国的第一大贸易伙伴，在彼此间占有重要的贸易地位。双边货物贸易的增长也为中日韩运输服务提供了巨大的合作和发展空间。从静态和动态的产业内贸易指数来看，中日韩之间在运输服务方面表现出较强的产业内贸易水平，表明三国之间在运输服务领域已具有良好的合作基础。

随着中日韩货物贸易的快速发展，特别是中日韩自由贸易区的建立在很大程度上扩大了三国间的贸易量，这就需要建立起一个与其相匹配，协调、高效的运输和物流系统，有助于降低三国产品成本，提高国际竞争力。因此，加强运输服务合作是三国的共同愿望。在机制建设上，中日韩可充分利用“中日韩运输及物流部长会议”机制和双边政策对话，推动东北亚运输物流网络建设,实现无缝物流体系。

对中国而言，中国在运输业上的竞争力相对较低，但近年来竞争力指数不断提高，反映我国在该领域内积累了一定的优势，中国也可以以此为契机继续加大运输服务的出口力度。

**（二）旅游业**

旅游业在中日韩三国的服务贸易中占有较大的比重，也是政府重点扶持和发展的领域。早在 2006 年，中日韩三国就已开始建立相关的合作机制，每年一届的旅游部长会议及发表旅游合作的联合声明表明，中日韩三国已具备较好的合作基础。

中国的旅游服务贸易是最大的贸易顺差来源部门，而日本和韩国的旅游服务贸易部门则是最大的贸易逆差来源部门。单从 TC 竞争力指数的比较来看，中国高于韩国、韩国高于日本。中国的旅游服务所具备的竞争力主要还是归因于中国丰富的人文和地理自然风光，其在旅游资源总量上具备了要素禀赋的优势。从日本和韩国来看，两国自然希望加强与中国的旅游合作以逐步改善服务贸易逆差状况，通过推动旅游业的发展来带动就业和刺激经济。因此，日本政府和韩国政府在政策扶持上下了很大的功夫，早在2003年日本政府就制定了“观光立国”战略，把“观光立国”作为推动经济增长战略的重要支柱；韩国则提出把旅游业列为“国家未来战略产业之一”；中国则在2010年提出“把旅游业培育成国民经济战略支柱性产业和人民群众更加满意的现代服务业”。

通过旅游合作既可以加深三国人民彼此的交流与了解，又可以刺激经济，进一步推动旅游服务贸易合作。旅游合作将成为三国共同的选择。

### （三）金融合作

在中日韩三国中，开放程度最高的是日本，其次是韩国和中国。从金融服务的竞争力来看，韩国的金融服务竞争力最强，其次是日本和中国，且中国与韩国、日本的竞争力指数差距较大。在产业内贸易水平发展程度上，中国和日本的产业内贸易水平不高；中国与韩国由于缺乏相关的统计数据，无法进行测量；日本与韩国表现出较高的产业内贸易水平。

对于三国在建立自由贸易区后金融服务贸易的发展，在金融服务的跨境服务业务（如信用证承兑、信贷额度、金融租赁及与外汇交易有关的服务费用和与有价证券如期货、期权、资产管理交易有关的佣金）方面，它们的发展主要取决于个人和企业的消费和投资需求，随着三国人员流动、货物贸易、个人投资、公司理财的加强，金融服务的跨境贸易也会相应地发展。

就目前而言，三国期待加强和合作的重点在于金融服务贸易的商业存在（金融机构FDI）、开放证券投资和货币互换协议。特别是在货币互换协议中，双方通过本币互换均可从对方那里获取短期流动性支持，有利于维护各自金融市场的稳定；双方获得互换资金后，可进一步增加进口对方商品的需求，同时有利于双方出口企业规避汇率风险、节约汇兑费用，大力推动双边贸易；通过本币互换，双方可以为本国金融机构在对方分支机构提供融资便利，缓解这些机构可能出现的资金紧张，维护各自金融体系的稳定。因此，货币互换是三国的共同利益所在，会进一步加强彼此间的合作。

## 二　其他逐步加强合作和开放的领域

### （一）建筑服务

在建筑业方面，2010 年中国建筑承包商在全球市场中的份额为14.9%，韩国和日本分别为 4.8% 和 4.1%，分别位列第七名和第八名。

建筑业属于日本国民经济的支柱产业之一，市场集中度高，属于寡头垄断市场，发展水平较高，但也相对封闭。日本建筑业占 GDP的比重从 2001 年的 7.1% 开始一直下降，尽管如此，到2009年仍占 6.2%，就业人数占全国就业人数的 8.1%。

外国建筑企业要想进入日本建筑市场必须依据日本的《公司法》，在日本设立现地法人，然后依据《建设业法》的相关规定申请“建设业许可”，获得许可后才能开展一般的建筑项目业务。如果不在当地设立法人机构则不能在日本承包建筑项目工程。另外，外国建筑企业如果要参与公共事业的承包招标，还必须向发包的都道府县及市町村提出特别申请，发包方根据客观的实行能力判断基准，要求外国企业再另提供经营审查事项的申请（此申请中除企业的财务状况之外还要包括过去承包、施工实绩及在海外的施工项目实绩）。据日本贸易振兴机构介绍，截至目前，外国建筑企业进入日本建筑市场还仅限于民间范围的建筑设计等方面，基本没有参与承包工程的。依照 WTO 规则，外国企业参与的设计、建筑公共工程招标，需与至少两家以上的当地企业进行资本合作、参股开展事业等，因此日本公共工程的设计、建筑招标项目基本上由日本企业进行承包建设。由于日本建筑业对外高度封闭和排外性，虽然在市场准入方面没有太多限制，但其国内法规的规制性壁垒严重阻碍了外资企业参与日本的建筑承包工作。截至 2010 年，拥有施工许可证的外资建筑企业（含 50% 以上的国外资本）仅有 114 家，比 2000 年只增加了 42 家，而且几乎都来自欧美国家。

中国和韩国的建筑业同样拥有较高的国际竞争力，韩国的海外承包市场主要集中在中东地区，韩国建筑企业在亚洲市场的占有率为 4.74%，在非洲为 3.61%，在中南美和美国分别为 2.17% 和 1.56%，相反中国建筑企业在非洲和亚洲市场上的占有率为 38.7% 和 22.7%，牢牢占据亚非市场，稳固了世界第一的位置。在建筑业方面，中日韩都具备较强的国际竞争力，中日表现为一定的产业内贸易水平，日本和韩国则表现出一定的产业间贸易水平。但中日韩三国对建筑服务贸易出口的扩张将会瞄准其他的海外市场，中日韩之间的建筑服务既相互渗入对方市场，又存在着广泛竞争。因此在该部门的贸易合作不会成为重点发展的领域。

### （二）计算机与信息服务

在计算机与信息服务方面，中国的竞争力指数在三国中最高，其贸易额占服务贸易总额的 3%，而日本和韩国该部门占服务贸易总额的比重较低，分别是 1.5% 和 0.5%。中国在计算机与信息服务方面具备的相对比较优势，使中国成为全球第二大离岸外包承接国，特别是日本对软件和信息服务方面的巨大需求，使日本成为我国最大的软件和信息服务外包出口国，占我国国际服务外包市场的比例曾经高达70%。近年来我国企业对欧美以及新兴市场有所拓展，使日本市场的比重有所下降，现在实际下降到40%左右。这种优势也通过产业内贸易水平表现出来，中国与日本在计算机和信息服务贸易方面表现出产业间的贸易模式，因为日本的计算机与信息服务业主要供应国内市场，出口不多，而中国又是日本离岸外包的最大承接国，这种供给和需求的良好态势仍将随着中国计算机与信息服务业竞争力的不断提升得到持续发展。此外，中国与韩国在计算机与信息服务贸易方面也呈现出产业间贸易方式。可见，通过自由贸易区的建立，日本和韩国还会加大对中国的离岸外包业务力度，与此同时，中国也应不断提高外包服务中的高端技术性、高附加值的业务流程外包（BPO）和技术性知识流程外包（KPO）产品的竞争力，而不应仅局限于软件外包产品（ITO）。

### （三）其他服务部门

从中国已经参与合作的区域服务贸易合作的实践来看，中国新增和深化了一些开放部门，新增的服务部门主要集中在商业服务中的市场调研服务、与管理咨询相关的服务、文化体育娱乐服务、运输服务；不断深化的部门主要集中在商业服务中的软件实施服务、数据处理服务、涉及自由或租赁资产的房地产服务、笔译和口译服务、环境服务（排污服务、固体废物服务、废气清理服务、卫生服务等环境服务）、运输服务（航空器的维修、计算机订座系统服务）。这些部门的自由化深化主要通过提高外资股权占比，允许设立外资独资企业的形式进行。

从国内生产、消费对服务的需求来看，应尽快发展与国民生产相适应的生产性服务和与文化生活紧密相关的消费性服务，加快发展与新一代信息技术、生物、高端装备制造、新能源、新材料、新能源汽车等战略性新兴产业相配套的服务贸易。在培育领域上，将着力培育信息、技术、金融、环境、分销等重点领域的新兴服务贸易。在发展举措上，将进一步提高服务业对外开放水平，继续扩大金融、物流等服务业的对外开放，稳步开放教育、医疗、体育等领域；加快推动中国服务业“走出去”，积极争取在运输、分销、金融、教育、文化、广播影视和旅游等领域的对外投资方面取得明显突破。

从中国服务部门自身的竞争力来看，在其他现代化新兴服务贸易部门，中国在通信服务、计算机与信息服务、其他商业服务、个人文化与娱乐服务方面的国际竞争力指数最高；韩国在资本密集和高技术含量的金融服务、建筑服务中的国际竞争力指数最高；日本则在专有权利使用费和特许费服务中的国际竞争力最强。国际竞争力较弱，处于服务贸易劣势的部门主要有：中国金融服务、专有权利使用费和特许费服务的国际竞争力最低；韩国通信服务、其他商业服务的国际竞争力最低；日本建筑服务、计算机与信息服务、个人文化与娱乐服务的国际竞争力最低。此外，中日韩三国在保险服务方面都不具备国际竞争力。

从产业内贸易来看，中国和韩国通信服务、保险服务部门呈现出较强的产业内贸易水平，而专有权利使用费和特许费、其他商业服务更多地表现为产业间的贸易活动。中国和日本除了计算机与信息服务、专有权利使用费和特许费服务、个人文化与娱乐服务GL指数较低，呈现出明显的产业间贸易状态外，其他服务部门的产业内贸易水平都较高。日韩之间除了建筑服务、专有权利使用费和特许费的年均GL指数较低，表现出明显的产业间贸易状态外，其他部门都不同程度地显示出较强的产业内贸易水平。

综上所述，中国可加大在环保服务、物流服务、商业服务方面的开放力度，加大与日韩在运输服务、旅游服务、金融服务上的合作力度,大力发展计算机与信息服务，逐步推进建筑服务、专有权利使用费和特许费服务的发展，稳步开放个人文化、娱乐、教育、医疗服务。对日本和韩国而言，除了在共同的运输、旅游、金融服务方面进行深化合作以外，还可发挥他们的优势部门加大贸易出口力度，如日本可以凭借其在专有权利使用费和特许费服务、金融服务上的优势加大对中国和韩国的服务出口力度，韩国则可以在金融服务、建筑服务、个人文化与娱乐服务方面加大出口力度。

## 第四节　实施合理的国内规制

虽然说国内规制是服务贸易壁垒的主要表现形式，但由于服务业所具备的信息不对称、自然垄断、经济外部性特征，国内规制作为政府管理的一种宏观手段，它的制定对服务贸易的发展也具有一定的客观合理性。推进服务贸易自由化进程的措施并非国内规制消除的过程，而制定一个合理性、无限制性的国内规制才是实现服务贸易自由化的有效方式。可见服务自由化是对外降低进入壁垒，对内建立合理的法律体系和有效的监管机制的双向综合发展过程。因此，区域服务贸易合作对国内规制的合理性、透明性、有效性提出了更高的要求。

### 一　加强在区域范围内双边国内规制合作的谈判

发展中国家进入发达国家的服务市场仍然会面临一些挑战，一般会涉及专业资格、许可证、当地居住要求、学位认可等，这无疑会增加发展中国家服务提供者的市场进入成本。中国作为发展中国家可以通过区域服务贸易合作的形式与日本、韩国在国内规制等歧视性限制措施上进行谈判。通过地区合作来消除一些重复的规制措施，各国政府和企业可以从区域内趋同的规制措施来分摊服务提供的固定成本，从而实现区域范围内的规模经济。在规制合作的纪律约束上，第一，要提高各国国内规制的透明度，每年可提交各服务领域的规制政策及修改情况，减少各国在进入服务市场时因不清楚具体政策措施而造成的阻碍。第二，可建立共同的规制机构对各国的规制体系进行评估和协调，共同研究服务贸易领域的国际标准，拓宽相互承认的服务领域，通过协调一致的标准降低区域服务提供商进入的成本。

## 二 进一步完善自身国内规制措施

WTO主要是从三个方面（透明度、必要性测试、等价性）规范国内规制的，为了更好地适应多边和区域服务贸易合作，中国可逐渐从这些方面完善本国的国内规制水平。

### （一）增强国内规制体系的透明度

隐蔽性和歧视性的国内规制会使得国外服务提供商无法像国内服务提供商那样准确了解行业的法规、市场准入的具体细节、审批程序等，因为隐蔽性带来的政策不确定性会迫使国外高质量的服务提供商退出国内服务提供的竞争。增加国内规制及相关部门法律的透明度，有利于服务者和被服务者的有效沟通，因此具体服务业的主管部门应进一步公开相关的法律措施和审批程序。

### （二）完善服务业立法体系，制定合理的规制措施

从国内规制的必要性测试来看，国内规制对服务贸易的限制不应当超过实现政策目标所需要的程度，因此从合理性和有效性方面对服务贸易的国内规制提出了更高的要求。对中国而言，首先要完善服务贸易基本立法，我国还没有针对服务贸易的基本法。在我国服务贸易的法律框架中，调整国际服务贸易的基本法

律是《对外贸易法》，因此需要建立一个《服务贸易促进法》对服务贸易的统计、监管、各部门立法程序、部门协调进行有效的规定。其次是要丰富和完善各服务行业的法律体系。目前我国已建立了诸多行业法规，如《商业银行法》《建筑法》《广告法》《保险法》《证券法》《海商法》《民用航空法》《律师法》等，但有些领域的法律法规还处于空白状态，主要是以一些政策性文件、通知等形式存在，急需建立统一完整的法律法规。最后，加强国内法规规制的有效性，积极借鉴国外发达国家服务业管理的先进模式，在允许的范围内尽量和国际接轨。从相互承认规则来看，区域中各成员国对具体服务部门的监管程度不一样，在我国服务贸易部门水平不断提高的基础上可对现有规制措施进行调整，在某些领域尽量达到规制趋同，找到一套适合本国和其他成员国服务提供者在资质要求、执照申请等方面的标准，从而有利于实现区域内的相互承认安排。

**（三）建立行业服务技术标准，提高服务质量**

由于服务提供存在跨境交付模式，消费者只有通过服务消费过程才能体验服务的质量，而事先无法判定服务质量的好坏，因此要加快制定和实施行业技术标准和技术规范，采用国际标准的技术要求来促进服务产品的标准化生产。现代服务业技术标准的制定，既可以提高服务产品的国际竞争力，又可以引导企业走向高技术、高附加值的专业化道路。同时，搭建标准化平台，有利于技术密集型服务部门形成规模经济，促进信息与计算机服务业、金融保险、电信服务业等知识型行业的发展。在产业技术标准提高的情况下，可以使我国的服务产品越来越符合国际技术要求，增强我国服务提供商进入国外市场的竞争力，获得国外服务消费者的认可。

# 参考文献

包艳：《中日服务贸易发展及其对两国经济关系影响研究》，辽宁大学博士学位论文，2010。

崔日明、陈付愉：《中日服务业产业内贸易研究》，《国际经贸探索》2008年第8期。

陈贺菁：《国际服务贸易自由化：理论、路径与收益分配》，厦门大学出版社，2009。

陈双喜、王磊：《中日服务业产业内贸易实证研究》；《国际贸易问题》2010年第8期。

陈宪、程大中、殷凤：《中国服务经济报告2008》，经济管理出版社，2009。

陈国栄：《韩国的服务贸易及其促进政策》，《浙江统计》2009年第5期。

岑彩云：《中日韩旅游合作从理性向现实转化的制约因素及化解》，《对外经贸实务》2010年第5期。

程大中：《国际服务贸易学》，复旦大学出版社，2007。

程大中：《中国服务贸易显性比较优势的定量分析》，《上海经济研究》2003年第5期。

程大中：《中国服务贸易显性比较优势与“入世”承诺减让的实证研究》，《管理世界》2003 年第 8 期。

查贵勇：《中韩日服务贸易国际竞争力比较研究》，华东师范大学博士学位论文，2007。

邓力平、陈贺菁：《国际服务贸易理论与实践》，高等教育出版社，2005。

范黎红：《区域性服务贸易规则与多边规则之关系》，《国际贸易问题》2002 年第 10 期。

宫占奎、陈建国、佟家栋：《区域经济组织研究——欧盟、北美自由贸易区、亚太经合组织》，经济科学出版社，2000。

宫占奎、孟夏、刘晨阳：《中国与东盟经济一体化：模式比较与政策选择》，中国对外经济贸易出版社，2003。

宫占奎、李文韬：《中国参与区域经济合作组织分析》，《国际经济评论》2008 年第 3 期。

高铁梅：《计量经济分析方法与建模》，清华大学出版社，2006。

何茂春：《国际服务贸易：自由化与规则——兼论扩大开放与国家经济安全》，世界知识出版社，2007。

黄建忠主编《服务贸易评论》，厦门大学出版社，2009。

黄建忠主编《服务贸易评论》，厦门大学出版社，2010。

江小涓：《服务全球化的发展趋势和理论研究》，《经济研究》2008 年第 2 期。

江小涓：《服务全球化与服务外包：现状、趋势及理论分析》，人民出版社，2008

贾燕霞、胡丹婷：《中日韩国际服务贸易竞争力比较分析》，《对外经贸实务》2009 年第 2 期。

姜颖：《我国服务业产业内贸易影响因素的实证分析》，《国际商务（对外经济贸易大学学报）》2007年第5期。

卢现祥、马凌远：《中国服务贸易出口潜力研究》，《中国软科学》2009年第9期。

吕世平等著《国际服务贸易竞争论》，中国金融出版社，2009。

李伍荣、禹响平：《中日韩三国金融服务贸易国际竞争力比较研究》，《云南财贸学院学报（社会科学版）》2008年第2期。

刘晨阳：《中日韩FTA服务贸易谈判前景初探：基于三国竞争力的比较》，《国际贸易》2011年第3期。

李莹：《日本服务贸易的发展及启示》，《黑龙江对外经贸》2007年第1期。

刘莉：《服务贸易自由化与竞争政策的建设及国际协调——基于发展中国家的视角》，厦门大学博士学位论文，2008。

刘青峰、姜书竹：《从贸易引力模型看中国双边贸易安排》，《浙江社会科学》2002年第6期。

孟夏、于晓燕：《论中国区域服务贸易自由化的发展与特点》，《国际贸易》2009年第9期。

马镇、曾凡银：《中日韩三国运输业服务贸易国际竞争力之比较研究》，《国际商务（对外经济贸易大学学报）》2007年第5期。

潘沁、韩剑：《基于引力模型的产业内贸易与区域经济一体化研究》，《国际贸易问题》2006年第6期。

谭晶荣：《中日韩三国服务贸易的比较研究》，《国际贸易问题》2006年第7期。

沈铭辉、周念利：《亚洲区域经济合作新领域：区域服务贸易自由化》，《太平洋学报》2010年第2期。

盛斌、廖明中：《中国的贸易流量与贸易潜力：引力模型的研究》，《世界经济》2004年第2期。

盛斌：《中国加入WTO服务贸易自由化的评估与分析》，《世界经济》2002年第8期。

孙晓郁：《中日韩可能建立的自由贸易区》，商务印书馆，2006。

商务部服务贸易司：《日本服务贸易发展的特点、影响因素分析及启示》，http：//tradeinservices. mofcom. gov. cn/c/2008-07-07/49520. shtml。

王绍媛：《国际服务贸易自由化理论与规则》，大连理工大学出版社，2008。

王涛、姜伟：《中日服务业产业内贸易问题实证研究》，《世界经济研究》2010年第6期。

王伟军：《中日软件服务外包新动向与中国的政策选择》，《世界经济研究》2007年第6期。

王继庆：《中日韩旅游服务贸易合作发展问题探讨》，《商业时代》2008年第14期。

魏巍：《中韩自由贸易区的可行性及预期经济效应研究》，山东大学硕士学位论文，2008。

小岛清：《对外贸易论》，周宝廉译，南开大学出版社，1987。

许统生、黄静：《中国服务贸易的出口潜力估计及国际比较——基于截面数据引力模型的实证分析》，《南开经济研究》2010年第6期。

姚战琪：《全球化条件下中国服务业发展与竞争力提升》，经济管理出版社，2010。

姚勇军、张相文、陈倩：《区域经济一体化经验研究述评》，《经济评论》2009年第4期。

张彬、王胜、余振：《国际经济一体化福利效应——基于发展中国家视角的比较研究》，社会科学文献出版社，2009。

张彬等：《国际区域经济一体化比较研究》，人民出版社，2010。

张彬、孙孟：《中澳两国产业内贸易的实证研究——基于1997~2007年进出口贸易数据》，《国际贸易问题》2009年第5期。

张磊：《服务贸易自由化——中国入世后的新课题》，上海人民出版社，2008。

张鸿、彭璟、王悦：《中日韩区域贸易潜力分析——基于贸易引力模型的角度》，《国际商务研究》2009年第4期。

赵雨霖、林光华：《中国与东盟10国双边农产品贸易流量与贸易潜力的分析——基于贸易引力模型的研究》，《国际贸易问题》2008年第12期。

赵海越：《国际服务贸易自由化对发展中国家的影响及对策》，《国际贸易问题》2002年第10期。

钟小平：《日本服务贸易的发展状况及其影响因素分析》，《亚太经济》2006年第3期。

周念利：《RTAs框架下的服务贸易自由化分析与评析》，《世界经济研究》2008年第6期。

朱卫新、韩岳峰：《日本服务贸易模式与中日服务贸易互补性分析》，《现代日本经济》2009年第2期。

邹春萌：《韩国—东盟服务贸易的发展和自由化》，《南洋问题研究》2008年第9期。

世界经济自由化指数（EFW）来源于网站：http：//www.freetheworld. corn/release. html。

《国别贸易投资环境报告》，商务部网站：http：//gpj. mofcom. gov. cn/static/column/d/cw. html/1。

经济合作与发展组织 OECD 服务贸易数据库：http：//stats.oecd. org/index. aspx?

世界货币基金组织 IMF：《世界经济展望》，数据库：http：//www. imf. org/external/data. htm。

世界贸易组织（WTO）区域贸易协定数据库：http：//rtais.wto. org/UI/PublicMaintainRTAHome. aspx。

联合国全球创意产品和服务贸易统计数据库：http：//stats.unctad. org/creative。

Balassa，B.，The Theory of Economic Integration，London：Allen & Unwin，1961.

Balassa，B.，"Trade Liberation and Revealed Comparative Adevantage"，*The Manchester School of Economic and Social Studies*，1965，Vol33.

Blomstrom，M. and Ari Kokko，"How Foreign Investment Affects Host Countries"，*Policy Research Working Paper* 1745，The World Bank，Washington，D. C.，1997.

Baldwin，R. "The Growth Effects of 1992"，*Economic Policy*，October，1989.

Borchert，I. and A. Mattoo ，"The Crisis-resilience of Services Trade"，*World Bank Policy Research*，Working Paper 4917，2009.

Broadberry，S. and S. Ghosal.，"Technology，Organization and Productivity"，Park，S. "How Far has Regional Integration

Deepened? Evidence from Trade in Services," *KIEP Working Paper* 02 - 17, 2002.

Cooper, C. A. and Massell, B. F. "Towards a General Theory of Customs Unions for Developing Countries", *Journal of Political Economy*, 1965, Vol. 73.

Chisari, Omar O., Javier Maquieyra and Carlos A. Romero. "Liberalization of Trade in Services: A CGE Analysis for Argentina, Brazil and Uruguay", Munich: Munich Personal RePEc Archive, *MPRA Paper* No. 15336, 2009.

Copeland, Brian, and Aaditya Mattoo. "The Basic Economics of Services Trade", Mimeo, 2004.

Copeland, B. R., Benefits and Costs of Trade and Investment Liberalization in Services: Implications from Trade Theory, Paper Prepared for the Department of Foreign Affairs and International Trade, Government of Canada, 2002.

Deardorff, A., "International Provision of Trade Services, Trade and Fragmentation", *Review of International Economics*, 2001 (9).

Deardorff, A. and R. Stern, "Empirical Analysis of Barriers to International Services Transactions and the Consequences of Liberalization", in R. Stern, A. Mattoo and G. Zannini (eds.), *A Handbook on International Trade in Services*. Oxford: Oxford University Press. 2008.

Eden, L. "The Microeconomics of Transfer Pricing", in A. M. Rugman and L. Eden (eds), Multinationals and Transfer Pricing, London: Croom Helm, 1985.

Egger, P. And R. Lanz., "The Determinants of GATS

Commitment Coverage", *The World Economy*, 2008, 31 (12).

Eschenbach, F. and B. Hoekman. "Services Policy Reform and Economic Growth in TransitionEconomies, 1990 - 2004", *Review of World Economics*, 2006, 142 (4).

Eschenbach, F. and B. Hoekman. "Services Policies in Transition Economies: On the EU and WTO as Commitment Mechanisms", *World Trade Review*, 2006, 5 (3).

Fillat, C., J. Francois and J. Woerz., "Cross-Border Trade and FDI in Services", *CEPR discussion paper* 7074, 2008.

Fink, C. and M. Jansen., "Services Provisions in Regional Trade Agreements: Stumbling or Building Blocks for Multilateral Liberalization", Paper Presented at the Conference on Multilateralising Regionalism Sponsored and Organized by WTO, 2007.

Fink, Carsten and Aaditya, Mattoo. "Regional Agreements and Trade in Services: Policy Issues", *Journal of Economic Integration*, 2004, 19 (4).

Fung, K. C., and Alan Siu., "Political Economy of Service Trade Liberalization and the Doha Round", *Pacific Economic Review*, 2008, 13 (1).

Frankel, Jeffrey, Stein, Ernesto and Wei Shangjin, Continental Trading Blocs: Are they Natural or Super-natural? in J. Frankel, ed., The Regionalization of the World Economy, University of Chicago Press, 1998.

Frankel, Jeffrey and Wei Shangjin, "Trade Blocs and Currency Blocs", *NBER Working Paper* 4335, 1993.

Francois, J. , O. Pindyuk, and J. Wörz. , " Trade Effects of Services Trade Liberalization in the EU ", Forschungsschwerpunkt Internationale Wirtschaft, Vienna, Austria. *FIW Research Report* No 004. 2008.

Fritz, O. , and G. Streicher. " Trade Effects of Service Liberalization in the EU-Simulation of Regional Macroeconomic Effects for Austria ", Forschungsschwerpunkt Internationale Wirtschaft, Vienna, Austria. *FIW Research Report* No 005. 2008.

Grünfeld, L. A. , and A. Moxnes. , "The Intangible Globalization: Explaining the Patterns of International Trade in Service", Norwegian Institute of International Affairs, Oslo. Discussion Paper 657, 2003.

Gootiiz, Batshur, and Aaditya Mattoo. " Services in Doha: What's on the Table?" Washington, DC: The World Bank, *Policy Research Working Paper* 4903, 2009.

Gootiiz, S. and A. Mattoo. , " Restrictions on Services Trade and FDI in Developing Countries", World Bank, Mimeo, 2009.

Hassan, Kabir M. , " Is SAARC a Viable Economic Block? Evidence from Gravity Model", *Journal of Asian Economics*, 2001 (12).

Hindley, B. and A. Smith. , " Comparative Advantage and Trade in Services", *The World Economy*, 1984 (7).

Hamilton, Carl and Winters, Alan L. , " Opening up International Trade with Eastern Europe", Economic Policy, 1992 (14).

Hoekman, B. , " Assessing the General Agreement on Trade in Services," in W. Martin and L. A. Winters ( eds. ), The Uruguay

Round and the Developing Countries. Cambridge: Cambridge University Press, 1996.

Hoekman, B., "The General Agreement on Trade in Services: Doomed to Fail? Does it Matter?" *Journal of Industry, Competition and Trade*, 2008 (8).

Hoekman, B. and A. Mattoo., "Regulatory Cooperation, Aid for Trade and the GATS", *Pacific Economic Review*, 2007, 12 (4).

Hoekman, B. and P. Messerlin., "Liberalizing Trade in Services: Reciprocal Negotiations andRegulatory Reform", in P. Sauvé and R. Stern (eds.), *Services 2000: New Directions in ServicesTrade Liberalization*, Washington D. C.: Brookings Institution, 2000.

Hoekman, B. and A. Nicita., "Trade Policy, Trade Costs and Developing Country Trade", *World Bank Policy Research Paper* 4797, 2008.

Hoekman, B., A. Mattoo and A. Sapir., "The Political Economy of Services Trade Liberalization: A Case for International Regulatory Cooperation?" *Oxford Review of Economic Policy*, 2007, 23 (3).

Hoekman, Bernard, and Aaditya Mattoo. "Services Trade and Growth", Washington, DC: The World Bank, *Policy Research Working Paper* 4461, 2008.

Johnson, H. G., "An Economic Theory of Protectionism, Tariff Bargaining and the Formation of Customs Union", *Journal of Political Economy*, 1965, Vol. 73.

Kindleberger, C. P. "European Integration and the International Corporation", *Columbia Journal of World Business*, 1965, Vol. 1.

Kimura, Fukunari and Hyun Hoon Lee. , "The Gravity Equation in International Trade in Services", *Review of World Economics*, 2006, 142 (1).

Konan, Denis Eby, and Keith E. Maskus. , "Quantifying the Impact of Services Liberalization in a Developing Country", *Journal of Development Economics*, 2006, 81.

Kolstad, I. and E. Villanger. , "Determinants of Foreign Direct Investments in Services", *EuropeanJournal of Political Economy*, 2008, 24 (2).

Konan, D. and K. Maskus. , "Quantifying the Impact of Services Liberalization in a Developing Country" , *Journal of Development Economics*, 2006, 81.

Langhammer, R. , "Revealed Comparative Advantages in Service Trade of the USA, EU, and Japan: What Do They Tell Us?" *Journal of World Investment and Trade*, 2006, 5 (6).

Lennon, Carolina. "Trade in Services and Trade in Goods: Differences and Magee", Christopher S. , "New Measures of Trade Creation and Trade Diversion", *Journal of International Economics* , 2008, 75.

Lennon, C. , "Trade in Services and Trade in Goods: Differences and Complementarities", *University of Paris* 1, mimeo, 2007.

Lejour, A. , J. de Palva Verheijden. , "Services Trade within Canada and the European Union", Discussion Paper 42. The Hague: Centraal Plan Bureau, 2004.

Mordonu, "Measuring Trade Diversion-the Case of Russian

Exports in the Advent of EU Enlargement", Working Paper, United Nations University, 2006.

Meade, J. The Theory of Customs Union, Amsterdamdam: North-Holland, 1955.

Mattoo, Aaditya, and Carsten Fink., "Regional Agreements and Trade in Services: Policy Issues", Washington, DC: The World Bank, 2002, *Policy Research Working Paper* 2852.

Park, Soonchan., "Measuring Tariff Equivalents in Cross-Border Trade in Services", *KIEP Working Paper* 02 - 15. Seoul: Korea Institute for International Economic Policy, 2002.

Marchetti, J. and M. Roy (eds.), "Opening Markets for Trade in Services", Cambridge University Press, 2008.

Markusen, J., "Trade in Producer Services and in Other Specialized Intermediate Inputs", *American Economic Review*, 1989, 79.

Mattoo, A. and P. Sauvé (eds.), *Domestic Regulation and Service Trade Liberalization*, Washington, D. C.: The World Bank and Oxford University Press, 2003.

Mattoo, A, R. Rathindran and A. Subramanian., "Measuring Services Trade Liberalization and its Impact on Economic Growth: An Illustration", *Journal of Economic Integration*, 2006 (21).

Mattoo, A., R. M. Stern and G. Zannini (eds.), *A Handbook on International Trade in Services.* Oxford: Oxford University Press, 2008.

Melvin, J., "Trade in Producer Services: A Heckscher-Ohlin Approach", *Journal of Political Economy*, 1989 (97).

Messerlin, P. and K. Sauvant ( eds. ), *The Uruguay Round: Services in the World Economy*, Washington D. C. : The World Bank, 1990.

Nguyen-Hong, D. , " Restrictions on Trade in Professional Services", Productivity Commission Staff Research Paper ( Canberra: Ausinfo), 2000.

OECD: "Methodology for Deriving the STRI", Downloadable at http: //www. oecd. org/trade/stri, 2009.

Performance in Services: "Lessons from Britain and the United States since 1870", *Structural Change and Economic Dynamics*, 2005 (16).

Roy, Martin, Juan Marchetti, and Hoe Lim. " Services Liberalization in the New Generation of Preferential Trade Agreements (PTAs): How Much Further than the GATS?" Geneva: World Trade Organization. , 2006, *Staff Working Paper* ERSD - 2006 - 07.

Roy, M. , J. Marchetti and H. Lim. , "Services Liberalization in the New Generation of Preferential Trade Agreements: How Much Further than the GATS?" *World Trade Review*, 2007, 6 (2).

Stephenson, Sherry M. , " Regional versus Multilateral Liberalization of Services", *World Trade Review*, 2002, 1 (2).

Tinbergen, Jan, "Shaping the World Economy: Suggestions for an International Economic Policy", New York: The Twentieth Century Fund, 1962.

Vollrath, Thomas L, De Huu Vo. , Investigating the Nature of World Agriculture Competitives. U. S. Department of Agriculture, *Economics Research Service*, Technical Bulletin, 1988, No. 1754.

Viner, J. The Customs Union Issue, Carnegie Endowment for International Peace: New York, 1950.

Warren, T. and C. Findlay., "Measuring Impediments to Trade in Services," in P. Sauvé and R. Stern (eds.), *GATS* 2000: *New Directions in Services Trade Liberalization*, Brookings Institution Press, Washington, DC, 2000.

Whalley, J., "Assessing the Benefits to Developing Countries of Liberalization in Services Trade", *The World Economy*, 2004, 27 (8).

Walsh, Keith., "Trade in Services: Does Gravity Hold? A Gravity Model Approach to Estimating Barriers to Services Trade", Dublin: Institute for International Integration Studies (IIIS), 2006, *IIIS Discussion Paper* No. 183.

Whalley, John., "Assessing the Benefits to Developing Countries of Liberalisation in Services Trade", *The World Economy*, 2004, 27 (8).

Yannopoulos, G. "Foreign Direct Investment and European Integration: the Evidence from the Formative Years of the European Community", *Journal of Common Market Studies*, 1990, Vol. 28.

# 后　记

本书是在我博士论文的基础上修改完成的。博士论文就像是三年多博士研究生学习和生活的一个缩影，在我完成博士论文的那一刻,心中顿时有一种充实感和激动感。博士论文的写作是一个辛苦而又快乐的过程，从知识体系的完善、文献阅读、资料的收集到数据的处理、重点问题的深入、难点问题的突破，从厘清思路、搭建框架到具体的写作等都是对自己科研能力的提高和完善。本研究能顺利完成，离不开我的导师张彬教授对我的悉心培养和指导。从博士论文的选题、框架设计、难点问题研究直至最终成稿,张老师都对我进行了多次指导，提出了许多宝贵的修改意见。三年来，通过参与张老师主持的课题研究，我逐步掌握了科学研究的系统分析方法。导师以严谨治学的态度熏陶着我，启发式的教育方式培养了我的创新思维和观察问题与解决问题的能力，是她为我开启了学术之门，并指引着我在学术道路上不断进取。老师传授给我的知识和对我学习能力的培养将是我人生中弥足珍贵的财富，在此，我要向我的博士生导师张彬教授致以最真诚的敬意和谢意!

我还要衷心感谢武汉大学经济与管理学院的陈继勇、李卓、刘再起、林玲、马红霞等教授，是他们的学术专题讲座让我开阔了视野、丰富了知识。在本书的写作过程中，他们还提出了许多宝贵的修改意见。

此外，我要感谢这三年来和我一起并肩学习和奋斗的同窗好友与师兄师弟们，彼此间的学术讨论和交流，为我开阔了写作思路，提供了许多有益的帮助。

最后，我要向我的家人表示衷心的感谢！感谢他们长期以来给予我学习和生活上的关爱与支持。

袁立波

2012 年 12 月于武汉大学樱园

图书在版编目(CIP)数据

中日韩区域服务贸易自由化研究/袁立波著. —北京:
社会科学文献出版社, 2013.11
(云南财经大学前沿研究丛书)
ISBN 978-7-5097-4097-2

Ⅰ.①中… Ⅱ.①袁… Ⅲ.①服务贸易-研究-中国、
日本、韩国 Ⅳ.①F752.68

中国版本图书馆 CIP 数据核字(2012)第 304347 号

·云南财经大学前沿研究丛书·
中日韩区域服务贸易自由化研究

著　　者 / 袁立波

出 版 人 / 谢寿光
出 版 者 / 社会科学文献出版社
地　　址 / 北京市西城区北三环中路甲 29 号院 3 号楼华龙大厦
邮政编码 / 100029

责任部门 / 经济与管理出版中心　　责任编辑 / 林　尧　许秀江
　　　　　(010) 59367226　　责任校对 / 李瑞芬
电子信箱 / caijingbu@ssap.cn　　责任印制 / 岳　阳
项目统筹 / 恽　薇　蔡莎莎
经　　销 / 社会科学文献出版社市场营销中心 (010) 59367081　59367089
读者服务 / 读者服务中心 (010) 59367028

印　　装 / 北京季蜂印刷有限公司
开　　本 / 787mm×1092mm　1/16　　印　　张 / 12
版　　次 / 2013 年 11 月第 1 版　　字　　数 / 143 千字
印　　次 / 2013 年 11 月第 1 次印刷
书　　号 / ISBN 978-7-5097-4097-2
定　　价 / 45.00 元

本书如有破损、缺页、装订错误，请与本社读者服务中心联系更换
版权所有 翻印必究